51 AXIOMAS *de* PODER

51 axiomas de poder

1ª edição: Outubro 2025

Autor:
Walter Longo

Preparação de texto:
Flavia Araujo

Revisão:
Daniela Georgeto
Rebeca Michelotti

Projeto gráfico:
Jéssica Wendy

Capa:
Rafael Brum

Impressão:
Plena Print

DADOS INTERNACIONAIS DE CATALOGAÇÃO NA PUBLICAÇÃO (CIP)

Longo, Walter
51 axiomas de poder : inspirações profundas para quem deseja mudar a mente, alinhar a alma e escrever novos começo / Walter Longo.
— Porto Alegre : Citadel, 2025.
336 p. : color.

ISBN 978-65-5047-699-1

1. Autoajuda 2. Autoconhecimento 3. Desenvolvimento pessoal
4. Desenvolvimento profissional I. Título

25-4407 CDD – 158.1

Angélica Ilacqua – Bibliotecária – CRB-8/7057

Produção editorial e distribuição:

CITADEL Grupo Editorial

contato@citadel.com.br
www.citadel.com.br

WALTER LONGO

51 AXIOMAS de PODER

Inspirações profundas para quem deseja mudar a mente, alinhar a alma e escrever novos começos

CITADEL
Grupo Editorial
2025

SUMÁRIO

PREFÁCIO

A palavra como semente da transformação

Palavras têm poder.

Essa afirmação, por vezes banalizada, permanece uma das verdades mais profundas da existência humana.

Mais do que instrumentos de comunicação, **as palavras moldam a realidade**. Elas não apenas descrevem o mundo – **elas criam mundos**. São elas que estruturam o pensamento, organizam a memória, fundam os valores e constroem os significados pelos quais vivemos.

Entre todas as formas de linguagem, há uma especialmente poderosa: **o axioma exato no momento certo**.

Aquela combinação precisa de palavras que, quando lida ou ouvida, parece atravessar as defesas da razão e tocar diretamente o centro da consciência.

Não explica; revela.

Não convence; transforma.

É o que chamamos de **epifania**.

Quem nunca teve a vida atravessada por um axioma desses – dito por um autor, um professor, uma avó, um desconhecido, ou até por você mesmo – e, a partir dele, viu-se diferente?

É como se, de repente, o nevoeiro se dissipasse, e o que antes era dúvida se tornasse clareza.

Como se algo que estava apenas intuído ganhasse nome, forma, direção. Foi por reconhecer a força desse tipo de encontro que nasceu este livro.

Ao longo da minha trajetória profissional – repleta de projetos, empresas, palestras, decisões difíceis e reinvenções pessoais –, alguns axiomas foram verdadeiros **marcos de virada**.

Eles me ajudaram a enxergar melhor, a entender o que me movia, a decidir com mais consciência, a suportar com mais dignidade, a recomeçar com mais coragem.

Não são apenas axiomas

São mapas.

Chaves.

Sínteses de ideias maiores, densas, muitas vezes complexas – condensadas em poucas palavras, mas capazes de abrir portais inteiros de compreensão.

Não são axiomas de efeito, são axiomas de função.

É por isso que resolvi reunir aqui os que mais me impactaram.

Não apenas como citações isoladas, mas como pontos de partida para reflexões mais profundas. Muitos não foram ditos, mas foram concluídos pelo meu exercício cotidiano de observação, tanto no plano pessoal quanto no profissional.

Cada capítulo deste livro é, na verdade, um pequeno ensaio – uma meditação guiada por um axioma que me fez pensar diferente, agir diferente, viver diferente.

E se esses axiomas mudaram a minha vida, talvez possam mudar a sua.

Não porque trazem verdades absolutas, mas porque têm o poder de provocar novas perguntas.

E, muitas vezes, uma boa pergunta vale mais do que uma resposta fácil.

Vivemos uma era de excesso – de dados, de opiniões, de estímulos. Mas, em meio ao barulho, um axioma bem colocado ainda tem o poder de nos silenciar por dentro. De suspender o ruído e abrir espaço para algo raro: o insight.

Este livro é uma tentativa de capturar esses momentos.

De congelar, em palavras, os instantes em que a mente se ilumina e a alma se alinha.

Se ao final destas páginas você sair com ao menos uma nova pergunta, uma ideia diferente ou um olhar mais generoso sobre a vida – a missão estará cumprida.

Porque, no fim, é isso o que os grandes axiomas fazem: **plantam sementes em terrenos férteis**.

E toda transformação começa com uma semente.

Bem-vindo ao livro das minhas sementes.

Tome-as para você. Plante-as como quiser.

E deixe que floresçam no seu tempo.

1

O jogo da vida: entre o destino que recebemos e a liberdade que exercemos

“Deus dá as cartas e a gente joga.”

Essa frase de Schopenhauer, aparentemente simples, carrega uma densidade filosófica capaz de resolver (ou pelo menos redesenhar) um dos maiores dilemas da história do pensamento humano: o conflito entre destino e livre-arbítrio.

A metáfora do jogo de cartas é poderosa. Nascemos com uma “mão” – um conjunto inicial de condições que não escolhemos. Pode ser uma mão boa: nascer em um lar amoroso, com acesso a educação, saúde, recursos e estímulos. Ou uma mão difícil: pobreza, abandono, doença e discriminação. Essa distribuição desigual é o que muitos chamariam de “destino”. Um ponto de partida imposto, quase arbitrário, como se os dados tivessem sido lançados antes do nosso primeiro choro.

Mas, assim como no jogo, o que fazemos com essa mão importa – e muito.

Conheço histórias de quem começou com cartas ruins e, com estratégia, paciência e persistência, virou o jogo. Fez trinca, desceu sequência, comprou o morto e venceu. Também vejo pessoas que nasceram com cartas valiosas, mas jogaram mal. Agiram com soberba, descuido, ansiedade. Sujaram canastra limpa por impulso. Abriram mão de boas jogadas por teimosia. Perderam o jogo, mesmo com a vitória garantida.

Aqui se dissolve a falsa dicotomia entre destino e livre-arbítrio. Eles não são opostos – são complementares. O destino é o que a vida nos dá. O livre-arbítrio é o que fazemos com isso.

Jean-Paul Sartre disse algo essencial:

“Não importa o que fizeram de mim. Importa o que eu faço com o que fizeram de mim”.

É exatamente isso. Somos, ao mesmo tempo, produto e autores da nossa história. Não temos controle sobre o roteiro inicial, mas somos corroteiristas do enredo subsequente.

Culpar o destino por tudo é um conforto perigoso. Transfere a responsabilidade para o mundo, para Deus, para o acaso. Já acreditar exclusivamente no livre-arbítrio pode nos levar à arrogância: ignorar os privilégios herdados, as estruturas que nos beneficiam ou nos impedem. Como se bastasse "querer muito" para transformar a realidade – o que sabemos, infelizmente, não ser verdade para todos.

É aí que entra a sabedoria do equilíbrio: reconhecer que precisamos tanto de sorte quanto de competência, tanto de fé quanto de esforço. Ter uma boa mão é um privilégio. Saber jogar com qualquer mão é uma virtude.

Talvez o maior erro seja acreditar que a vida é um jogo de cartas comum quando, na verdade, ela se parece mais com a biriba ou o pôquer – há blefes, sorte, estratégia, risco calculado, paciência e, acima de tudo, capacidade de adaptação. Às vezes, é preciso descartar cartas boas para fazer uma jogada melhor depois. Às vezes, é necessário esperar três rodadas para pegar a carta certa. E, quase sempre, precisamos aprender a perder algumas mãos para ganhar outras maiores.

Nietzsche, por sua vez, dizia que o ser humano deveria aspirar a tornar-se um "além-do-homem" – alguém que, diante do caos, fosse capaz de dançar. Talvez essa dança seja a arte de jogar com as cartas da vida sem se revoltar com a mão recebida, mas também sem se resignar a ela.

Nesse sentido, o sucesso não é privilégio de quem tem boas cartas, mas conquista de quem joga com consciência. É uma mistura de resiliência, *timing*, humildade e intenção.

E aqui reside uma provocação contemporânea: vivemos em uma era na qual todos querem os atalhos da vitória, mas poucos refletem sobre o jogo. É como se estivéssemos colecionando cartas raras sem saber jogá-las. Postamos frases motivacionais, mas ignoramos os fundamentos da estratégia. E esquecemos que o verdadeiro mérito não está na carta que recebemos – mas na jogada que decidimos fazer com ela.

Por isso, talvez o mais sábio não seja perguntar "qual é a minha sorte?", mas sim "como posso jogar melhor com o que tenho?". A resposta para essa pergunta muda destinos.

"A vida é mais fácil do que parece.
Basta aceitar o impossível, prescindir do indispensável e aguentar o intolerável."

- KATHLEEN NORRIS

"Precisamos acreditar no livre-arbítrio.
Não temos outra escolha."

- ISAAC SINGER

2

"Nada é mais agressivo que a suavidade da indiferença."

– CLARE BOOTHE LUCE

Vivemos tempos em que todo gesto de violência é prontamente condenado – e com razão. Mas há outra forma de agressão que se alastra de maneira silenciosa, raramente é punida, quase nunca é percebida, mas causa feridas profundas: **a indiferença**.

Indiferença não grita, não empurra, não quebra objetos. Ela simplesmente não olha. Não escuta. Não responde.

Indiferença é a ausência calculada de empatia. A recusa em validar a existência do outro.

No ambiente corporativo, ela aparece quando ignoramos o esforço do colega, quando não reconhecemos o talento do time, quando passamos por alguém no corredor e desviamos o olhar. Nas reuniões em que se fala com a parede. Nos e-mails não respondidos. No silêncio deliberado diante do sofrimento alheio.

Em casa, é o jantar sem conversa. O olhar fixo no celular enquanto o outro fala. A ausência de perguntas sobre como foi o dia. O esquecimento do aniversário, das pequenas alegrias e das grandes dores. É a falta de presença que fere como se fosse ausência.

Sim, há uma agressividade no gesto passivo de não se importar. E como escreveu Hannah Arendt ao analisar os mecanismos do mal, **a banalidade da maldade muitas vezes se expressa na recusa de pensar sobre o outro – de considerar que ele existe, sente, sofre, espera**.

A indiferença desumaniza.

É ela que transforma o colaborador engajado em apático.

O filho curioso em retraído.

O cônjuge amoroso em distante.

O cidadão esperançoso em descrente.

E o mais perigoso: **é uma violência sem culpados**.

Quem a pratica costuma se defender dizendo que está ocupado, cansado, distraído. Mas quem a sofre sente, dia após dia, o peso da invisibilidade.

O filósofo Martin Buber dizia que a essência do humano está na relação "Eu-Tu". A indiferença quebra essa ponte. Substitui o "Tu" por um "Isso". Transforma pessoas em obstáculos, ruídos, objetos.

No mundo empresarial, ela tem efeitos devastadores. Líderes indiferentes geram equipes desmotivadas. Colaboradores que não se sentem ouvidos se desconectam do propósito. Ambientes indiferentes cultivam o medo, a desconfiança e o conformismo. E, nesse clima, a inovação morre. O afeto desaparece. A cultura apodrece.

O problema é que confundimos cordialidade com humanidade. Dizemos "bom dia", sorrimos mecanicamente, enviamos emojis de "joinha" nos grupos, mas esquecemos de perguntar – de verdade – como o outro está.

Não existe *soft skill* mais importante que a atenção

Prestar atenção é a forma mais sutil de dizer: "Eu me importo". É o antídoto contra a indiferença.

Num tempo em que todos falam, ouvir é um ato revolucionário.

Num tempo em que todos opinam, silenciar para acolher é um gesto de resistência.

Num tempo em que tudo acontece muito rápido, parar para notar o outro é um ato de coragem.

Nietzsche dizia que o que define o valor de um homem não é a força que ele impõe ao mundo, mas **a delicadeza com que ele toca os outros**. E não há delicadeza onde há indiferença.

Cultivar relações verdadeiras – nas empresas, nas famílias, nos casamentos, nos times – exige presença, escuta, empatia. Requer sair do próprio mundo e entrar, ainda que por instantes, no mundo do outro.

Talvez a maior revolução do nosso tempo não seja tecnológica, mas afetiva: redescobrir a humanidade nas relações.

Parar de apenas conviver – e começar a **coexistir**.

A indiferença é confortável para quem a pratica, mas insuportável para quem a sofre.

Ela não é neutralidade; é negação.

Não é leveza; é ausência.

Não é pacífica; é destrutiva.

Por isso, fica o convite para uma mudança simples, mas poderosa: **que ninguém ao nosso redor precise gritar para ser notado**.

3

A dúvida é a semente da evolução

Vivemos em uma época curiosa: nunca se soube tanto – e nunca se teve tanta certeza errada.

No passado, a dúvida era associada à ignorância. Hoje, é a dúvida que distingue o sábio do tolo. Há poucas décadas, os ignorantes hesitavam e buscavam aprender. Os sábios, seguros de sua experiência, afirmavam com vigor. Hoje, ironicamente, essa lógica se inverteu: os sábios têm dúvidas, e os ignorantes têm certezas.

Mas isso é, na verdade, uma correção histórica. Porque é a dúvida – **e não a certeza** – **que move a humanidade**.

Foi duvidando da imobilidade dos céus que Galileu colocou a Terra em movimento.

Foi duvidando da geração espontânea que Pasteur revolucionou a biologia.

Foi duvidando da rigidez do espaço-tempo que Einstein abriu caminhos para a relatividade.

Foi duvidando dos limites do mundo visível que surgiu a mecânica quântica.

A dúvida não paralisa. Ela impulsiona.

Sabine Hossenfelder, física teórica, afirmou com clareza:

"Pessoas que tratam ciência como verdade definitiva não são cientistas".

A ciência é, por definição, um sistema de teses provisórias – não verdades eternas. O método científico não se baseia em fé, mas em refutabilidade. A frase "acredite na ciência", repetida como mantra por muitos, é – paradoxalmente – **anticientífica**.

Não se acredita na ciência. **Questiona-se com ela**.

Essa inversão de lógica, em que a dúvida passou a ser vista como fraqueza, é um retrocesso perigoso. O progresso nasce do desconforto com a explicação vigente. É o **"Por que não?"** que rasga o véu do consenso.

No mundo corporativo, essa lógica é essencial. Empresas que crescem demais em certezas estagnam. As que cultivam a dúvida saudável evoluem. A pergunta certa muda mais uma organização do que a resposta precisa. A dúvida abre portas. A certeza as tranca.

"O homem se tornou civilizado não na proporção de sua crença, e sim na sua capacidade de duvidar."

- H. L. MENCKEN

Duvidar não é negar. É investigar

Duvidar não é relativizar tudo. É recusar-se a aceitar algo sem reflexão. Sócrates, o pai da filosofia ocidental, já alertava: "Só sei que nada sei". Essa não é uma declaração de ignorância – é uma postura de humildade cognitiva.

É o reconhecimento de que o Universo é mais complexo do que a nossa lógica é capaz de abarcar.

Hoje, infelizmente, o discurso dominante se inverteu.

O espaço da dúvida foi ocupado pela arrogância dos que "têm certeza de tudo".

As redes sociais estão cheias de "especialistas de ocasião" que falam com convicção sobre temas que não estudaram.

Nos debates públicos, o grito substituiu o argumento. A certeza virou moeda de popularidade.

E quem ousa duvidar, perguntar, ponderar muitas vezes é ridicularizado ou cancelado.

Mas é urgente resgatar a nobreza da dúvida.

A dúvida é liberdade.

A dúvida é movimento.

A dúvida é o que nos salva do dogma, do fanatismo, da estupidez travestida de convicção.

Como escreveu Bertrand Russell:

"O problema do mundo é que os tolos são cheios de certezas, enquanto os sábios são cheios de dúvidas."

Cultivar a dúvida é, portanto, um exercício de coragem.

É resistir à tentação das respostas fáceis.

É aceitar que a verdade é sempre um horizonte, nunca um ponto final.

É permitir que o conhecimento seja uma jornada, não um trono.

Diante disso, que nas empresas, nas escolas, nos lares e nos governos, possamos valorizar mais quem faz perguntas do que quem se apressa a dar respostas.

Que valorizemos o espírito investigativo mais do que o discurso pronto.

Que estimulemos o questionamento respeitoso mais do que a retórica inflamada.

A dúvida é semente.

A certeza, muitas vezes, é como o concreto.

E onde há concreto demais, nada cresce.

"A dúvida é o princípio da sabedoria."

- ARISTÓTELES

4

Dor e sofrimento não são sinônimos – são antônimos

Vivemos um tempo curioso em que se busca anestesiar qualquer desconforto, evitar qualquer incômodo, escapar da dor a qualquer custo. E nessa tentativa de suavizar a vida, muitas vezes acabamos **prolongando – ou até produzindo – o verdadeiro sofrimento**.

Há uma confusão generalizada entre dois conceitos que, longe de serem sinônimos, são, na verdade, opostos complementares: **dor e sofrimento**.

A dor é um aviso.

O sofrimento, uma consequência.

A dor é um agente de transformação.

O sofrimento, um estado de paralisia.

Se evitarmos sentir a dor necessária – o incômodo do limite, o desconforto do esforço, a fricção do aprendizado –, o sofrimento será inevitável, cedo ou tarde.

Pense no pai que não suporta ver o filho frustrado e, por isso, evita impor limites. Cede a todos os caprichos, protege de qualquer desafio, evita dizer "não".

Parece amor. Parece cuidado. Mas, na verdade, é a semente de um futuro de sofrimento.

Esse filho crescerá sem frustrações saudáveis – e, por isso, será incapaz de lidar com o mundo real, onde o "não" é cotidiano e os limites são regras do jogo.

Agora, imagine um casal cujo casamento fracassou emocionalmente, mas que insiste em permanecer junto por medo da dor da separação. Ambos evitam o luto, evitam a ruptura. Mas pagam o preço com **anos de convivência fria, distanciada, desgastada**. Trocaram uma dor intensa, porém finita, por um sofrimento brando e infinito.

No mundo físico, o mesmo se aplica.

Se evitarmos a dor de acordar cedo e fazer exercícios, colheremos o sofrimento de uma saúde precária.

Se evitarmos a dor de estudar, colheremos o sofrimento da ignorância.

Se evitarmos a dor de enfrentar desafios profissionais, colheremos o sofrimento da estagnação.

A vida é feita de escolhas – e muitas vezes a escolha é entre a **dor que liberta e o sofrimento que aprisiona**.

Estamos formando gerações que perderam a noção da **relação biunívoca entre esforço e recompensa**.

Gerações que acreditam ser possível:

- → Saber sem estudar.
- → Ganhar sem trabalhar.
- → Ser famoso sem mérito.
- → Ter sucesso sem disciplina.

Mas a realidade insiste em lembrar: sem dor, **não há crescimento**.

Sem limites, **não há maturidade**.

Sem esforço, **não há conquista**.

A dor é parte do processo da vida plena. Ela nos ensina onde estão nossos limites – e, mais ainda, nos desafia a ultrapassá-los. Ela forja resiliência, constrói caráter, revela prioridades.

Nietzsche dizia:

"Aquele que tem um porquê para viver pode suportar quase qualquer como".

E, muitas vezes, é justamente a dor que nos obriga a encontrar esse "porquê".

A dor nos faz sair do piloto automático. Ela nos obriga a repensar escolhas e nos empurra para a evolução.

Por isso, precisamos resgatar a pedagogia da dor – não como punição, mas como preparação.

Aceitar o desconforto como parte do caminho.

Assumir que uma vida com sentido não é isenta de dor, mas **rica em propósito**.

Sofrimento, por outro lado, é permanecer no mesmo lugar. É se recusar a mudar, evoluir, decidir. É o resultado da procrastinação existencial.

Enquanto a dor aponta um novo caminho, o sofrimento nos aprisiona em círculos viciosos.

Talvez a grande lição seja esta:

Evitar a dor a qualquer custo é comprar, a prazo, o sofrimento com juros altos.

Em casa, na empresa, nos relacionamentos, na saúde, na alma – é a dor bem-vinda que nos poupa do sofrimento desnecessário. Afinal, o caminho mais curto para uma vida sofrida é tentar viver uma vida indolor.

> **"O ser humano precisa de dificuldades. Elas são necessárias para a saúde."**
>
> – CARL JUNG

5

O sucesso está na história

Vivemos numa sociedade obcecada por números. Medimos o sucesso por cifras na conta bancária, seguidores nas redes sociais, metros quadrados de imóveis ou manchetes nos jornais. Confundimos sucesso com poder, fama ou riqueza. Acreditamos que alguém "deu certo" porque acumulou bens, conquistou notoriedade ou alcançou postos de comando.

Mas será mesmo esse o verdadeiro critério? O que é, afinal, **ser bem-sucedido**?

Talvez a resposta não esteja nos gráficos de desempenho, mas no enredo da vida. Talvez o sucesso não se esconda nos extratos financeiros, mas sim na **narrativa que se constrói**. Sucesso não é o quanto você ganhou – é o **que você deixou**. Não é o que você aparenta – é o que você **representa**.

O sucesso está na história

Uma pessoa verdadeiramente bem-sucedida pode ser reconhecida por uma linha do tempo simbólica:

- Na infância, ouviu histórias.
- Na vida adulta, fez história.
- Na velhice, contou histórias.
- Na morte, virou história.

Esse ciclo, completo em sua plenitude, descreve a trajetória de uma vida significativa. Não necessariamente de uma vida famosa – mas de uma vida que valeu a pena ser vivida e lembrada.

I. Ouvir histórias: o início da alma

Ouvir histórias é o ponto de partida da imaginação. É ali, no colo de alguém ou ao pé de uma cama, que começa a formação simbólica do ser. Histórias despertam empatia, constroem arquétipos, semeiam valores. Uma criança que ouve histórias cresce com um **mundo interno rico, fértil, criativo**.

Ela aprende que existe o bem e o mal, que há jornadas e retornos, monstros e heróis, perdas e superações. Ao contrário da informação bruta, a história **cria sentido**, dá forma ao caos, transforma fatos em significado.

II. Fazer história: o ápice da experiência

Na vida adulta, é hora de sair do enredo dos outros e escrever o próprio. "Fazer história" não exige placas comemorativas, estátuas em praças ou biografias premiadas. Fazer história é **marcar o mundo de alguma forma**.

É criar uma empresa com propósito.

É formar filhos com consciência.

É transformar um bairro, uma escola, uma ideia.

É deixar uma marca, ainda que invisível para o grande público – mas **inesquecível para quem foi tocado**.

Fazer história é assumir o risco de ser protagonista. É levantar-se da plateia e subir ao palco da própria existência.

E isso exige coragem – porque viver com autenticidade pode ser desconfortável, mas é a única forma de **viver com verdade**.

III. Contar histórias: a arte do legado

Na velhice, quem viveu intensamente não se apega ao passado – compartilha-o. Contar histórias é o ato mais generoso do tempo. É transformar vivência em ensinamento, memória em sabedoria, lágrima em lição.

O idoso que conta histórias **não envelhece – ele se eterniza**.

Contar histórias é preparar o terreno para que outros possam florescer. É entregar mapas, faróis, bússolas. É tornar-se ponte entre o que foi e o que virá.

Nessa fase, o tempo não é mais contagem – é **recordação e transmissão**.

A vida ganha densidade e beleza quando se percebe que tudo que vale a pena, no fim, **vira enredo**.

IV. Virar história: a consagração da existência

Por fim, quando a morte chega – e ela sempre chega –, resta apenas aquilo que se construiu no imaginário dos outros. A matéria desaparece. Mas o sentido **permanece**.

Se alguém, ao lembrar de você, diz: "Ele me inspirou", "Ela me transformou", "Ele marcou minha vida", então você **virou história**.

E essa é a forma mais nobre de eternidade. Não a eternidade dos deuses, mas a dos homens que **fizeram sentido**.

A fogueira e o fio da vida

Desde os primórdios da humanidade, o ser humano evoluiu contando histórias ao redor do fogo. A fogueira era o ponto de encontro – físico e simbólico. Era ali que os caçadores narravam as aventuras, que os anciãos passavam o conhecimento, que os mitos nasciam.

A história não era apenas passatempo – era **estrutura social**. Quem sabia contar, liderava. Quem ouvia, aprendia. E assim se construiu a cultura, a moral, a civilização.

Hoje, a fogueira talvez seja digital – uma tela, um microfone, um *feed*. Mas a essência continua: **sem história**, não há humanidade.

E sem se transformar em história, **a vida corre o risco de passar em branco**.

O que aprendemos com isso?

Que o sucesso não está nos holofotes, mas nas pegadas.

Que não é preciso ser famoso – basta ser memorável para alguém.

Que não é necessário ser rico – basta ser significativo.

E que sucesso mesmo é **quem completa o ciclo**: **ouvir**, **fazer**, **contar e virar história**.

Se você ainda ouve histórias, aproveite-as.

Se está fazendo história, persevere.

Se tem histórias para contar, compartilhe.

E se deseja virar história um dia, **viva com intenção**.

A definição perfeita de sucesso é olhar-se no espelho aos 70 anos de idade e ter a certeza de que tudo o que fez na vida não desapontaria você mesmo aos 18.

6

Tudo começa na vontade

A vontade humana é que move o mundo

Não a sorte. Não o acaso. Não o algoritmo.

Foi **a vontade** – esse impulso invisível, mas indomável – que forjou civilizações, inventou tecnologias, cruzou oceanos, venceu pandemias, construiu catedrais e rasgou os céus em direção à Lua.

Nietzsche chamou essa força de **vontade de potência** (*Wille zur Macht*). Um conceito mal compreendido por muitos, mas essencial para quem deseja entender o que realmente move a história. Para Nietzsche, não é a razão que comanda o homem, nem a moral, nem mesmo o instinto de sobrevivência. É a vontade de expandir-se. De ir além. De afirmar-se diante do caos.

A vontade de potência **não** é **o desejo de poder sobre os outros**, mas o anseio de realizar-se em sua plenitude – de ser mais do que se é, de transformar o que está dado. É uma energia criadora, que faz com que o homem transforme a pedra bruta em escultura, o vazio em significado, o tempo em legado.

Ao longo da história, foi essa vontade que nos tirou da caverna, nos levou ao topo de montanhas e às profundezas dos oceanos.

No século XV, homens se lançaram ao mar em frágeis caravelas, movidos por um desejo incontrolável de saber **o que havia do outro lado do horizonte**.

No século XVII, Londres organizava uma loteria em que o maior prêmio era passar uma semana com os cientistas da Royal Society – um tempo em que **a curiosidade era mais valiosa que o ouro**.

No século XX, fomos à Lua não porque era fácil, mas **porque era difícil**, como disse John F. Kennedy. Foi mais uma demonstração épica da **vontade humana de ir além dos próprios limites**.

Essa vontade sempre esteve na origem dos grandes saltos civilizatórios.

Ela antecede a técnica, motiva a ciência, alimenta a arte, funda a filosofia.

Sem vontade, não haveria progresso – apenas repetição.

Mas algo parece ter mudado. Hoje, ao olhar para as novas gerações – muitas vezes anestesiadas pelo imediatismo, pela recompensa fácil, pela simulação digital do mundo –, percebemos um certo apagamento da vontade.

Não falta inteligência.

Não falta tecnologia.

Falta impulso.

Falta fogo.

Falta aquela inquietação que nos fez levantar os olhos do chão e imaginar mundos novos.

Estamos trocando o "por que não?" pelo "para quê?".

Estamos substituindo a busca por sentido pela busca por seguidores.

Estamos mais preocupados com a visibilidade do que com a transcendência.

A vontade heroica, exploradora, construtora está sendo substituída pela vontade de conforto, de aprovação, de comodidade.

É como se estivéssemos **desaprendendo a querer com força**.

Mas **querer com força** é o que diferencia o humano do resto da natureza.

O animal responde ao estímulo. O humano cria o estímulo.

O animal adapta-se ao ambiente. O humano transforma o ambiente.

O animal sobrevive. O humano **transcende**.

E toda transcendência começa com um verbo: querer. Queremos que as próximas gerações sejam criadoras de futuro? Então devemos estimular nelas a vontade.

Não basta ensinar habilidades. Não basta oferecer acesso. É preciso despertar o desejo profundo de fazer história.

A vontade é o motor silencioso do aprendizado. É ela que faz alguém estudar madrugada adentro, construir algo do zero, persistir apesar das quedas, resistir apesar das críticas.

Empresas, escolas e famílias precisam reencontrar formas de **cultivar o querer**. Não o querer superficial do consumo, mas o **querer profundo da realização**.

Precisamos recuperar o valor simbólico da **escolha voluntária**, **do esforço intencional**, **da ação com propósito**.

E isso começa com pequenas atitudes:

→ Trocar o "tanto faz" pelo "isso me importa".

→ Trocar o "não estou a fim" pelo "vou tentar mesmo assim".

→ Trocar o "já sei" pelo "quero saber mais".

O mundo foi moldado por quem **quis além do esperado**, **sonhou acima do razoável e agiu apesar do medo**.

Essa é a linhagem daqueles que moveram a história.

E a única forma de honrar esse passado é reacendendo a centelha da vontade nas próximas gerações. Porque o futuro **não é uma linha do tempo**. O futuro é uma **obra de vontade**.

> **"Vontade é o princípio fundamental da natureza, a força cega, incontrolável que move o mundo."**
>
> – ARTHUR SCHOPENHAUER

7

É o incômodo que nos faz crescer

Una-se às suas diferenças, jamais às suas semelhanças

Vivemos tempos em que o igual nos atrai e o diferente nos assusta.

Temos a tendência natural de nos aproximar daquilo que nos parece familiar – opiniões que confirmam as nossas, gostos que se parecem com os nossos, estilos de vida que espelham o nosso.

Isso é confortável. É tranquilo. É previsível.

Mas será que é isso que nos faz evoluir?

A frase "una-se às suas diferenças e complementaridades, jamais às semelhanças" é um convite à coragem.

Coragem de conviver com o diferente. De se permitir ao desconforto criativo.

De aceitar o atrito como ferramenta de lapidação.

Psicologia do espelho: por que nos atraem os semelhantes?

Cientificamente, existe o que se chama de **efeito da familiaridade**. Ele explica por que nos sentimos mais seguros quando estamos cercados por pessoas que pensam, agem e vivem de forma parecida com a nossa.

É a zona de conforto emocional.

É o lugar onde nossas crenças não são desafiadas. Onde não precisamos justificar nossas escolhas. Mas esse conforto tem um custo: **a estagnação**.

Relacionar-se apenas com semelhantes é viver numa bolha. E bolhas são frágeis: estouram diante da menor pressão externa.

Um casamento baseado apenas em afinidades pode ser agradável – mas superficial. Uma sociedade entre iguais pode ser harmônica – mas pouco inovadora. Uma equipe homogênea pode ser eficiente – mas jamais criativa.

A biologia da complementaridade

Na própria natureza, a evolução se dá a partir da interação entre elementos distintos. Não é o igual que gera novidade. É o encontro entre o diferente e o complementar que produz novas possibilidades.

A fecundação, por exemplo, é a união de dois seres geneticamente distintos que se complementam.

A diversidade biológica é a grande responsável pela adaptação das espécies.

A natureza nos ensina, há milênios, que, **sem diferença**, não **há renovação**.

Na termodinâmica, aprendemos que a energia – o que gera calor, luz e movimento – só existe em função de uma **diferença de potencial**.

Não há fluxo de energia sem tensão entre polos. Não há corrente elétrica entre iguais. Por que seria diferente nas relações humanas?

Amor que educa

No amor, a diferença também ensina.

O casal que é diferente em sua essência – um mais racional, outro mais emocional; um mais pragmático, outro mais sonhador – enfrenta mais desafios, sim. Mas tem muito mais chance de aprender.

Desde que haja respeito, escuta e admiração mútua, as diferenças não afastam. **Elas constroem pontes**.

As semelhanças unem corpos.

As diferenças unem almas.

Amar alguém igual a você pode ser confortável. Mas amar alguém diferente é uma experiência de expansão. É ser chamado a rever valores. É aprender a ceder, a entender outras lógicas, a perceber o mundo com olhos que não são os seus.

É isso que torna o amor uma escola da vida.

Nas empresas: a armadilha da homogeneidade

Organizações que contratam pessoas parecidas com os fundadores tendem a ser mais coesas no início – e mais limitadas no longo prazo.

A ausência de diversidade de pensamento leva à **miopia estratégica**.

Times homogêneos podem ser rápidos na execução, mas são cegos para os riscos e míopes para as oportunidades.

Inovar exige conflito – no melhor sentido da palavra. Conflito saudável de ideias, de perspectivas, de experiências. É a divergência que acende o pensamento crítico. É a pluralidade que impulsiona a criatividade.

As empresas mais revolucionárias da história foram fundadas por sócios radicalmente diferentes.

Steve Jobs era emoção, estética, intuição. Steve Wozniak era lógica, engenharia, estrutura.

Elon Musk é obcecado pelo futuro, enquanto seus times são formados por engenheiros que pisam no chão dos dados.

O contraste não divide. Ele impulsiona.

Parcerias que transformam

A sociedade entre iguais tem prazo de validade curto.

A parceria entre diferentes tem o potencial da longevidade, desde que guiada pela escuta e pelo propósito.

Um sócio bom não é aquele que pensa como você – mas aquele que o **faz pensar diferente**.

No desconforto, surgem as ideias.

Na tensão criativa, surge o progresso.

Na crítica construtiva, surge a lapidação do ego e da estratégia.

Espiritualmente falando...

Até mesmo no campo espiritual, a evolução ocorre pelo encontro com o outro – aquele que nos incomoda, que nos desafia, que nos mostra nossas sombras.

A alteridade – esse conceito profundo de ver o outro como legítimo na sua diferença – é o caminho da evolução ética.

Somos chamados à transcendência não pela repetição do igual, mas pela aceitação do que nos tira do centro. É no desequilíbrio que buscamos o equilíbrio mais alto.

É como diz o provérbio africano:

"Se quer ir rápido, vá sozinho.
Se quer ir longe, vá com os diferentes".

O desafio: transformar desconforto em construção

Mas nada disso acontece por mágica. Diferença não é garantia de evolução.

Para que ela funcione como combustível de crescimento, é preciso:

- → Escuta ativa.
- → Curiosidade genuína.
- → Respeito mútuo.
- → Propósito comum.

Não se trata de tolerar a diferença.

Trata-se de **celebrá-la** como força criativa.

Trata-se de **escolher** a diferença como parceira de jornada. Porque quem vive cercado de semelhanças, vive sem fricção. Sem fricção, não há energia. E sem energia, não há luz.

A semelhança acomoda. A diferença transforma.

A semelhança é um abraço. A diferença é um empurrão.

E, às vezes, é exatamente de um empurrão que a alma precisa.

Então, da próxima vez que escolher um parceiro, um time, um amor ou uma ideia... **una-se às suas diferenças**.

É nelas que mora o seu próximo salto.

8

Ética e estética caminham juntas

O que é belo pode, sim, nos tornar melhores

Vivemos tempos de grande confusão moral.

Fala-se muito sobre ética em discursos, regulamentos, treinamentos corporativos e campanhas eleitorais. Mas esquecemos de um fator essencial, invisível e silencioso, que colabora – e muito – para a formação de uma cultura ética: **a estética dos ambientes que nos cercam.**

Sim. **Ética e estética caminham juntas.**

Essa é uma relação biunívoca que poucas pessoas percebem, mas que exerce uma influência profunda sobre comportamentos individuais e coletivos.

A estética molda o comportamento

Quando entramos em um lugar sujo, desorganizado, malcuidado – seja uma calçada, uma repartição pública ou mesmo uma casa –, algo muda dentro de nós.

As fronteiras internas entre certo e errado, permitido e proibido, adequado e inaceitável começam a se diluir.

Ambientes esteticamente degradados tendem a gerar **comportamentos mais relaxados em relação à norma.** É como se o caos externo legitimasse pequenos desvios internos.

O oposto também é verdadeiro: locais limpos, organizados, bem-cuidados e harmoniosos **elevam a régua comportamental.**

Desencorajam atitudes antiéticas. Convidam à compostura. Inspiram respeito mútuo.

A estética **não é superficial.** Ela é um reflexo – e, ao mesmo tempo, uma moldura – dos valores que cultivamos como sociedade.

O que dizem os filósofos?

Immanuel Kant, em sua *Crítica da faculdade do juízo*, afirma que a experiência do belo nos eleva. Segundo ele, o contato com a harmonia estética refina nossos sentimentos morais.

A beleza, ao contrário do que muitos pensam, não é fútil – é formativa. Ela cria um estado de espírito mais receptivo à empatia, ao cuidado, à contemplação.

Platão, por sua vez, em *O banquete* e *A República*, aproxima os conceitos de beleza e virtude. Para ele, a beleza é uma manifestação sensível da ordem, da proporção, da verdade.

Buscar o belo é, de certo modo, buscar o bem.

Portanto, quando cuidamos da estética de um espaço, **estamos cultivando valores éticos**.

Quando embelezamos um ambiente, **estamos ensinando sem palavras que aquilo importa**.

A cidade como espelho da ética

Olhe para uma cidade e veja como ela se apresenta. Veja o estado das calçadas, o cuidado com os parques, o desenho das fachadas, o respeito pelo espaço público.

Você estará, na prática, olhando **para o grau de maturidade ética de sua população**.

Uma sociedade ética cuida da estética dos espaços que compartilha.

E uma sociedade esteticamente cuidada reforça comportamentos éticos. No Brasil, infelizmente, falhamos nos dois aspectos. Temos ruas maltratadas, fachadas pichadas, lixos espalhados, prédios públicos degradados, praças abandonadas.

E, paralelamente, convivemos com altos índices de corrupção, desrespeito às leis e impunidade estrutural.

Não é coincidência.

A degradação estética alimenta a degradação ética.

E a negligência ética autoriza o descuido estético.

Um ambiente negligenciado oprime o cidadão ético e liberta o não ético.

Já um espaço harmonioso faz o contrário: **constrange o transgressor e conforta o cidadão de bem.**

Estética pessoal também é ética

Essa lógica também se aplica ao indivíduo.

Cuidar da aparência, da apresentação pessoal, do espaço que o rodeia – longe de ser vaidade – é um **gesto de respeito consigo e com o outro.**

Ética e estética se manifestam também na forma como nos vestimos, como arrumamos nosso local de trabalho, como cuidamos da linguagem.

Um profissional que chega desalinhado, desorganizado e despreparado comunica, antes de qualquer fala, **um desleixo moral.**

Deixar um banheiro sujo numa empresa, jogar papel na rua, negligenciar a limpeza de um espaço comum **não é apenas falta de higiene**, é **falta de ética social.**

Zelar pela estética dos espaços em comum é um modo silencioso e cotidiano de **exercer cidadania.**

A cultura da indiferença

Infelizmente, no Brasil, tanto a estética quanto a ética foram sendo substituídas por uma cultura de improviso, de urgência, de sobrevivência.

Desistimos da beleza. Desistimos do zelo.

Passamos a aceitar o "mais ou menos", o "tá bom assim", o "deixa pra lá".

Mas há um preço.

Cada parede descascada em uma escola pública é um recado silencioso aos alunos, dizendo: **"Vocês não importam"**.

Cada hospital mal iluminado, cada calçada quebrada, cada praça abandonada – tudo isso grita que não há ordem, nem valor, nem pertencimento.

É difícil ensinar ética num ambiente feio. É difícil promover cidadania num espaço em ruínas.

A estética é pedagógica

Por isso, é preciso reconectar esses dois conceitos.

Estética e ética não são departamentos separados da vida.

Elas se retroalimentam. Queremos cidadãos mais éticos? Então construamos ambientes mais belos. Cuidemos dos espaços públicos.

Valorizemos a arquitetura, a limpeza, a harmonia visual. Eduquemos pelo exemplo estético.

Porque onde há beleza, há pertencimento. Onde há pertencimento, há responsabilidade. E onde há responsabilidade, há ética.

O gesto mínimo importa

Deus, dizia Mies van der Rohe, está nos detalhes.

E é nos detalhes que mora a grandeza de uma sociedade. Não nos grandes monumentos, mas no cuidado cotidiano.

Não nas leis abstratas, mas nas calçadas varridas, nos muros pintados, nas flores plantadas em uma praça.

Estética é um modo de dizer, sem palavras:

"Eu me importo. Este lugar importa.
As pessoas que aqui estão, importam".

Por isso, da próxima vez que você vir uma cidade limpa, uma escola bem cuidada, uma repartição organizada, saiba que ali também há um gesto ético.

E, quem sabe, ali esteja nascendo uma cultura de respeito que começa pelo que se vê… e transforma o que se vive.

9

Não devemos ter medo do nada

Nem tudo que vale serve. Nem tudo que serve vale

Vivemos em uma época de hiperprodutividade, de ocupação constante, de valorização do "fazer" em detrimento do "ser".

Mas há uma diferença sutil e profunda entre duas expressões quase idênticas:

Não ter medo de nada é destemor.

Não ter medo do nada – isso é sabedoria.

O "nada" ao qual nos referimos aqui **não** é **ausência de coragem, mas ausência de propósito imediato**.

É o intervalo entre os compromissos.

É o silêncio entre duas palavras.

É a pausa entre dois projetos.

É o espaço onde a alma pode, enfim, respirar.

Mas nós, civilização do desempenho, não sabemos mais lidar com isso.

Dias úteis, vidas inúteis?

Chamamos de "dias úteis" aqueles que vão de segunda a sexta-feira.

Com isso, ensinamos ao nosso cérebro – e nossas crianças – que os demais dias são "inúteis".

Corremos de reunião em reunião, entregamos relatórios, batemos metas, produzimos conteúdos, aceleramos ciclos.

Mas para quê, exatamente?

Ensinamos pessoas a serem melhores gestores, vendedores, empreendedores.

Mas quando vamos ensinar – ou aprender – a **simplesmente sermos gente**?

Em nome da produtividade, abandonamos o direito ao ócio. Em nome do status, abrimos mão do silêncio.

Em nome da relevância, sacrificamos a contemplação. E sem divagação e abstração, não há esperança.

Na verdade, esquecemos que **há algo profundamente humano naquilo que não serve para nada**.

Arte, poesia, escuta: o "nada" que sustenta tudo

A arte não serve para gerar lucro.

A poesia não resolve problemas operacionais.

A escuta profunda não reduz custos.

A contemplação não aumenta o *market share*.

E, ainda assim, são essas práticas inúteis que **sustentam a inteireza da alma**.

Sem elas, nos tornamos máquinas de entrega.

Corpos que funcionam, mas não sentem. Cabeças que pensam, mas não sonham. Seres que fazem, mas não vivem.

"Se você precisa de muito, é porque você é pouco", diz uma sabedoria simples e brutal.

O vazio que tentamos preencher com performance talvez só precise de presença.

O nada como espaço de retorno

O "nada" é onde encontramos o que esquecemos que éramos.

É nele que reaparece a intuição.

A saudade.

A dúvida existencial.

A lembrança do que nos emociona.

Por isso o "nada" assusta: ele desmonta as armaduras.

Ele revela a fragilidade por trás da produtividade.

Ele mostra que somos seres humanos, não **"teres" humanos** – expressão que bem resume a falência moral de uma sociedade orientada pela lógica do acúmulo.

Vivemos sob o império do narcisismo digital, que precisa ser visto o tempo todo, validado o tempo todo, exaltado o tempo todo.

E, com isso, perdemos o direito ao anonimato, ao silêncio, ao descanso.

Fomos nos esquecendo de que a paz não está na plenitude do que temos, mas **na leveza do que deixamos de precisar**.

De músculos a cérebros – e, agora, ao coração

No passado, empregos dependiam dos músculos. Hoje, dependem do cérebro. Mas, no futuro – e esse futuro já começou –, **dependerão do coração**.

O trabalho do amanhã será aquele que exige empatia, humanidade, presença, sensibilidade. Das *hard skills* passamos a valorizar as *soft skills*, e agora estamos a caminho das *heart skills*.

E todas essas qualidades **são cultivadas no silêncio do "nada"**.

Não se treinam em cursos. Não se simulam em plataformas.

São refinadas em instantes de pausa, de arte, de presença.

O "nada" não é perda de tempo.

É o solo fértil onde brota o que há de mais essencial.

Quando o "muito" se torna demais

Vivemos como se cada segundo precisasse ser aproveitado. Mas há uma diferença entre aproveitar o tempo e **ser devorado por ele**.

Pessoas que nunca param, que nunca se permitem o nada, frequentemente colapsam – emocionalmente, fisicamente, espiritualmente.

Como já se escuta nas novas gerações, com sabedoria e ironia: **"Nenhum CNPJ vale um AVC"**.

E não vale mesmo.

O preço da aceleração constante é pago com ansiedade, alienação, *burnout*, desconexão afetiva.

O "nada" é o que pode nos salvar do colapso.

O nada como segredo transformacional

Por tudo isso, é no "nada" que mora um dos maiores segredos transformacionais da vida moderna.

Às vezes, o nada é muito mais do que fazer nada.

Porque o "nada" verdadeiro não é ausência de sentido – é **espaço para que o sentido emerja**.

Não se trata de inércia. Trata-se de presença. De ser inteiro em vez de ser constante.

De estar no mundo como quem toca uma música – com pausas, com silêncio, com harmonia.

Talvez o maior erro da nossa civilização seja achar que toda pausa é perda. Quando, na verdade, é ela que dá ritmo à sinfonia da existência.

Reaprender a parar

Não devemos ter medo do nada. Devemos temer, isso sim, **uma vida tão cheia que não caiba mais nós mesmos dentro dela**.

A sabedoria está em saber parar antes que o corpo nos pare.

Está em saber ouvir antes que sejamos ignorados por nós mesmos.

Está em saber não fazer – para voltarmos a fazer com sentido.

Ao fim, tudo se resume a uma escolha: podemos viver correndo atrás de mais ou podemos viver **mais inteiros com menos**.

O nada, hoje, é um ato de resistência.

Uma afirmação de humanidade.

Um sussurro da alma pedindo espaço.

E talvez, apenas talvez... **o sentido da vida more exatamente onde a produtividade diz que não há nada**.

10

Não vemos a realidade como ela é, e sim como a gente é

O mundo fora de nós é também um reflexo do mundo dentro de nós

A frase "Vemos a realidade não como ela é, mas como a gente é" parece simples, mas carrega em si uma das maiores verdades da psicologia humana, da filosofia existencial e da sociologia dos tempos modernos.

A realidade não é um dado. É uma leitura.

E toda leitura depende de quem lê. Do filtro, da lente, do estado emocional, das expectativas, da bagagem, dos traumas, dos sonhos e dos medos de quem observa.

Por isso, duas pessoas podem viver o mesmo fato e interpretá-lo de maneiras completamente distintas.

Uma crise pode ser o fim para uma e a oportunidade para outra.

Uma crítica pode ser ofensa para um e aprendizado para outro.

Uma perda pode ser tragédia para alguns e libertação para outros.

O mundo **não é neutro** – porque nós não somos.

A realidade como projeção

Nosso cérebro é uma fábrica de sentidos.

Ele não apenas registra o que acontece, ele **interpreta**.

E a interpretação que damos aos fatos **orienta as escolhas que fazemos**.

E são essas escolhas, por sua vez, que **constroem a realidade que vivemos**.

Portanto, não é exagero dizer que o futuro **começa como uma visão**. E o tipo de visão que temos determina o tipo de vida que levaremos.

O ciclo da profecia autorrealizável

Imagine duas pessoas olhando para o futuro:

- → A primeira acredita que tudo vai melhorar. Que existem oportunidades. Que o esforço vale a pena.
- → A segunda acredita que nada muda. Que o mundo é hostil. Que não adianta tentar.

O que acontece?

A primeira se arrisca, estuda mais, trabalha com mais paixão, compartilha mais ideias, se aproxima de pessoas inspiradoras.

A segunda se protege, reduz suas ações, alimenta o medo, se isola. Com o tempo, **a primeira transforma sua visão em realidade**. A segunda também.

Ambas provaram, com a própria vida, aquilo em que acreditavam. Esse é o mecanismo da **profecia autorrealizável**.

Uma das forças mais silenciosas – e mais potentes – da existência humana.

Fred Polak e o poder da visão de futuro

O estudioso holandês **Fred Polak**, em sua obra seminal *The image of the future*, analisou o que ele chamou de "força modeladora das imagens coletivas de futuro".

Segundo Polak, **as nações que imaginavam futuros grandiosos tendiam a se tornar grandes civilizações**.

Aquelas que paravam de sonhar, rapidamente entravam em decadência.

Não é difícil entender o porquê: **a visão precede a ação**.

E ação é o único caminho para transformar o real.

A Roma imperial começou como imaginação.

O Renascimento começou com uma nova imagem do homem.

A Revolução Francesa nasceu do imaginário da liberdade.

A ida à Lua começou com uma frase de Kennedy.

E qualquer transformação social se inicia, primeiro, na esfera do **imaginário coletivo**.

> **"Uma visão significativa antecede uma realização significativa. Nações que pensavam grande, ficaram grandes, e não vice-versa."**
>
> - FRED POLAK

Antes do império físico, vem o império mental

Alexandre, o Grande, entendeu isso com sabedoria:

> **"Antes do império físico, tem de haver o império mental".**

Ninguém constrói um império com as mãos se não tiver, antes, **erguido um império na mente**.

A imaginação é um ensaio do real. O desejo é o esboço da realidade.

A crença é o solo sobre o qual se levantam as realizações.

Sonhar grande **não é utopia**. **É estratégia**.

E a realidade dura?

Mas e quando o mundo externo é hostil? E quando há crise, desemprego, doença, injustiça?

É claro que **a realidade exógena se impõe**. Há limites, dores, tragédias que não se superam com pensamento positivo.

Mas, mesmo nesses contextos, **a forma como enxergamos o mundo influencia nosso grau de resiliência, capacidade de reação e abertura para alternativas**.

O otimista não nega a realidade. **Ele se recusa a ser definido por ela**.

O pessimista não prevê o futuro. **Ele o sabota**.

O filtro é você

Tudo o que enxergamos fora de nós passa por filtros internos.

E são esses filtros que devemos limpar, ajustar e aperfeiçoar ao longo da vida.

Se você enxerga traição em todos, talvez precise trabalhar sua confiança.

Se você vê ameaça em tudo, talvez precise tratar seu medo.

Se você só vê futilidade, talvez precise resgatar seu próprio propósito.

Não se muda o mundo sem antes mudar a lente.

E não se muda a lente sem antes mergulhar no espelho da autoconsciência.

A visão como direção

Nossa visão de futuro funciona como um **GPS existencial**. Ela não garante o destino, mas **orienta o trajeto**.

Se sua visão é nublada, seu caminho será hesitante.

Se sua visão é luminosa, seu caminho será firme.

Não por mágica – mas por consequência natural das escolhas que essa visão induz.

Ser autor da própria realidade

A realidade, em parte, nos acontece.

Mas, em grande parte, **somos nós que acontecemos à realidade**.

E tudo começa com aquilo que imaginamos possível.

Com aquilo que aceitamos como verdadeiro.

Com aquilo que decidimos enxergar.

Vemos o mundo não como ele é – mas como nós somos.

E é por isso que, para transformar o mundo, o primeiro passo é transformar a si mesmo.

> **"Os realistas sabem aonde estão indo.**
> **Os sonhadores já estiveram lá."**
>
> – ROBERT ORBEN

11

Vamos focar também o que farta, e não apenas o que falta

O paradoxo humano entre o impulso da evolução e o veneno da insatisfação

O ser humano é um ser de falta.

Desde que surgiu sobre dois pés, passou a andar porque lhe faltava abrigo.

Criou ferramentas porque lhe faltava força.

Inventou linguagem porque lhe faltava comunicação.

E fez da ausência um motor de presença.

É essa inquietação com o que não temos que nos trouxe até aqui.

Foi a falta que gerou o fogo.

Foi a escassez que nos levou à roda.

Foi o desconforto que nos levou à medicina, à arte, à ciência e à fé.

Mas há um preço.

A mesma força que impulsiona a humanidade a evoluir é, muitas vezes, a que impede o indivíduo de ser feliz.

A miopia da falta

Vivemos atentos ao que falta.

Falta dinheiro.

Falta tempo.

Falta espaço.

Falta reconhecimento.

Falta amor.

Falta propósito.

E mesmo quando conquistamos o que faltava, logo deixamos de vê-lo.

E algo novo começa a faltar.

É como se estivéssemos condenados a um **eterno estado de incompletude**. E, de fato, estamos.

Mas o problema não está na falta em si. Está **na cegueira diante do que já farta**.

O apartamento e a vista

Imagine alguém que vive em um apartamento pequeno, mas com uma vista espetacular.

O desconforto com o espaço limitado ofusca completamente a beleza da paisagem.

A falta se sobrepõe ao que farta.

Essa pessoa, então, muda-se para um lugar maior, mais confortável – porém sem vista.

Por algum tempo, tudo parece resolvido.

Mas logo o espaço se torna o novo normal, e o que passa a incomodar é... **a falta da vista**.

É assim com quase tudo: trocamos uma falta por outra.

E esquecemos que, por um breve instante, **estivemos cercados de fartura – e não vimos**.

A anestesia da conquista

O que farta se torna invisível com rapidez.

Conquistamos algo, mas logo o corpo, o cérebro, os sentidos se acostumam.

É o que a neurociência chama de **adaptação hedônica**.

Aquela promoção tão sonhada vira rotina.

Aquele carro novo se torna só um meio de transporte.

Aquela pessoa tão desejada passa a ser apenas companhia.

Isso acontece porque o nosso sistema de alerta é orientado pela falta, não pela presença.

A ausência gera tensão.

A presença gera relaxamento – e o relaxamento gera esquecimento.

O hospital como metáfora do mundo

No fundo, como já disse alguém com fina ironia, **nosso mundo é um pavilhão de hospital onde todos estão loucos para trocar de cama**.

O que mais ouvimos hoje é gente dizendo:

"Preciso mudar de emprego."

"Preciso mudar de cidade."

"Preciso mudar de parceiro."

"Preciso mudar de vida."

Poucos dizem:

"Preciso mudar de olhar."

Porque o problema nem sempre está no que temos, mas sim **no que decidimos perceber**.

Evoluir sem adoecer

Isso não significa abandonar o desejo de progresso. O incômodo com a falta é legítimo.

É ele que nos tira da inércia. Que nos leva a buscar novas conquistas, expandir horizontes, romper limites.

Mas, quando esse incômodo não vem acompanhado da valorização daquilo que já existe, ele nos adoece.

Ele nos transforma em eternos carentes. Consumidores crônicos. Insatisfeitos incuráveis.

Contudo, há um ponto de equilíbrio possível:

Buscar o que falta, mas celebrar o que farta.

Olhar com ambição para a frente, mas com gratidão para dentro.

Gratidão como consciência, não conformismo

Gratidão, nesse contexto, **não é conformismo**.

Não é se acomodar, nem aceitar menos do que se merece.

É apenas um reconhecimento: **a vida já me deu mais do que consigo perceber**.

É olhar ao redor e ver o que já farta:

Saúde.

Amigos.

Caminhos.

Experiências.

Crescimento.

Oportunidades.

Afetos.

É entender que o vazio que sentimos muitas vezes não é real – é **cegueira emocional**.

A vida como oscilação entre falta e fartura

A sabedoria está em aceitar que viver é oscilar entre a falta e a fartura. Mas sem permitir que a falta domine nossa narrativa. Sem permitir que a ausência eclipse a beleza do que já está presente.

Focar apenas o que falta **gera ansiedade**.

Focar apenas no que farta **gera acomodação**.

Focar os dois – com lucidez, equilíbrio e consciência – **gera maturidade**.

O olhar que muda tudo

A vida não se resume ao que ainda nos falta.

Ela se expande a partir do que já farta – e que pode ser potencializado com presença, com afeto, com intenção.

Foque o que farta.

O que já está.

O que já é.

O que já foi conquistado, oferecido, recebido, sentido.

E prossiga, sim, em direção ao que falta.

Mas leve junto o olhar grato, atento, lúcido.

Porque quem aprende a celebrar o que farta, **chega mais inteiro ao que ainda falta**.

> **"A vida é uma constante oscilação entre a ânsia de ter e o tédio de possuir."**
>
> **- ARTHUR SCHOPENHAUER**

12

Se você precisa de muito, é porque é pouco

O consumo como disfarce de carência – e a construção de um ser que se basta

Vivemos numa época de abundância material e escassez interior. Nunca houve tanto disponível, acessível, ao alcance de um **clique**. **Mas, paradoxalmente, nunca** fomos tão inquietos, ansiosos, insatisfeitos.

A frase "Se você precisa de muito, é porque é pouco" não é uma crítica ao consumo.

Ela é um espelho.

Um convite para olhar com honestidade **quanto do que buscamos fora é, na verdade, reflexo do que falta dentro**.

Diógenes e o sol da suficiência

A história de Diógenes é conhecida:

Filósofo grego, vivia num barril, sem posses, e pregava a autossuficiência como forma de liberdade.

Certa vez, Alexandre, o Grande – o homem mais poderoso do mundo na época –, foi visitá-lo e ofereceu-lhe qualquer coisa.

Diógenes respondeu:

> **"Sim, há algo que você pode fazer por mim. Saia da frente. Você está bloqueando o sol".**

Esse gesto, quase poético, sintetiza o espírito da frase que dá título a este texto.

Diógenes não era contra o ter – ele apenas **não era escravo do que não precisava**.

Claro que não estamos propondo que todos vivam em barris. Diógenes é uma metáfora extrema.

Mas, como toda metáfora poderosa, **ele ilustra um ponto essencial**: há grandeza em bastar-se.

Relógios, bolsas, carros – o problema não é o objeto

Vivemos em um mundo onde desejar é legítimo.

Podemos querer um bom carro, uma coleção de relógios, roupas sofisticadas, experiências marcantes.

Não há problema nisso.

O problema começa quando **o que temos se transforma em quem somos**.

Quando o valor pessoal é confundido com o valor de mercado dos nossos objetos.

Quando nossa identidade se dilui no que compramos – e não no que cultivamos.

Quando trocamos o **ser humano** pelo **ter humano**.

O consumo como expressão ou disfarce

O consumo pode ser uma forma saudável de expressão.

Pode refletir gosto, estética, conquistas pessoais, histórias de vida. Mas também pode ser um disfarce.

Uma tentativa de esconder um vazio. De preencher uma ausência. De calar uma insegurança.

A fronteira entre o prazer legítimo e a compulsão emocional é tênue.

Se você precisa estar sempre mostrando o que tem, talvez ainda não tenha mostrado **quem é**.

Aparência como armadura

Muitas vezes, o excesso de "ter" é uma armadura.

Queremos parecer fortes, bem-sucedidos, desejáveis – para que ninguém perceba o quanto ainda nos sentimos insuficientes.

É o paradoxo do "quanto mais tenho, menos me sinto".

E essa conta, no fim, **nunca fecha**.

A suficiência como força, não como renúncia

A ideia de bastar-se **não é sinônimo de pobreza**.

É sinônimo de liberdade.

É ter, sim – mas **sem ser dominado pelo que se tem**.

É desejar – mas sem converter o desejo em prisão.

A suficiência é uma força discreta.

Ela se expressa em gestos simples:

- ➔ Quem fala menos, mas diz mais.
- ➔ Quem tem menos, mas vive melhor.
- ➔ Quem mostra menos, mas é mais sentido.
- ➔ Quem não precisa de aprovação – e por isso é mais admirado.

Quando o excesso revela a escassez

Se você precisa de muito, talvez ainda esteja tentando provar algo.

Para os outros.

Para si mesmo.

Para algum buraco emocional ainda não cicatrizado.

E isso é humano. Mas não precisa ser permanente.

O "muito" é um alerta.

Às vezes, é o grito de um "pouco" não reconhecido.

Por isso a frase provoca – não para condenar, mas para **questionar a razão da acumulação.**

Um mundo construído para a carência

O marketing, a cultura do desempenho, as redes sociais e a lógica do capital são projetados para que você **nunca se sinta suficiente.**

Você precisa do novo.

Do último.

Do mais caro.

Do mais visto.

Do mais desejado.

E, mesmo assim, quando você consegue... já há algo mais para desejar.

É uma escada sem fim com degraus escorregadios.

A pergunta fundamental é:

O que em mim ainda acredita que "ser pouco" me torna indigno de afeto, respeito ou valor?

Reencontrando o "ser"

Construir um ser que se basta não significa se isolar, negar o desejo ou abdicar do conforto.

Significa **investir naquilo que não se compra:**

- Intimidade verdadeira.
- Presença plena.

- Inteligência emocional.
- Silêncio criativo.
- Relações profundas.
- Coerência interna.

Esse "ser" é mais difícil de conquistar do que qualquer patrimônio. Mas também é **muito mais difícil de perder**.

O equilíbrio é possível

É possível comprar com prazer, sem culpa.

É possível colecionar relógios e, ainda assim, **não medir o tempo da vida com ponteiros**.

É possível desejar sem se perder.

É possível ter **sem precisar de muito para se sentir inteiro**.

O segredo está na consciência:

Você tem porque gosta? Ou tem porque precisa mostrar?

Você acumula por prazer? Ou porque teme o vazio de quando parar?

Essas perguntas valem mais do que qualquer marca.

Ser mais para precisar de menos

Ao final, a frase "Se você precisa de muito, é porque é pouco" **não é sobre pobreza. É sobre plenitude**.

Ela nos convida a parar, olhar para dentro e perguntar:

O que em mim ainda não se bastou?

Porque, quanto mais você for, menos precisará provar. Quanto mais você construir dentro, menos precisará acumular fora.

O verdadeiro luxo da vida não é o que você tem. **É o que você não precisa ter para ser feliz**.

13

Existem duas maneiras de ser adaptável: improvisando ou planejando para o imprevisível

Como viver num mundo incerto mesmo sendo uma pessoa que gosta de certezas

Adaptabilidade é o nome do jogo.

Vivemos em uma era marcada por transformações rápidas, rupturas inesperadas e um nível de complexidade crescente que desafia o que foi aprendido ontem e exige ressignificação constante hoje.

Nesse novo mundo, não vence o mais forte nem o mais inteligente – mas sim, como dizia Darwin, **o que melhor se adapta**.

Só que há um problema: **nem todos nascem naturalmente adaptáveis**.

Tipos de mente: o improvisador e o planejador

Algumas pessoas são naturalmente fluídas, intuitivas, leves. Improvisam bem. Sorriem diante do inesperado.

Outras – como é o meu caso – são metódicas, lógicas, orientadas por planejamento e controle.

Para estas, o imprevisível **não é terreno de jogo, é campo minado**.

E aqui surge a grande questão:

Como ser adaptável num mundo onde a única certeza é o inesperado se eu sou alguém que precisa de estrutura para funcionar?

A resposta não é se tornar quem você não é.

A resposta é: planejar para o imprevisível.

O caos como cenário previsto

Você pode não improvisar bem, mas pode se antecipar. Pode construir *buffers*, alternativas, redundâncias.

Pode tornar o imprevisível mais palatável, **não negando sua existência, mas desenhando estratégias para sua inevitabilidade**.

Dou um exemplo pessoal:

Sou palestrante. E, como tal, sei que dependências técnicas podem não funcionar a qualquer momento.

O projetor pode falhar.

A internet pode cair.

O microfone pode dar eco.

A sala pode ter luz demais ou de menos.

O público pode ser menor, ou mais disperso, ou mais técnico, ou mais emocional do que o esperado.

E isso, para alguém com perfil estruturado, é estressante.

Minha mulher, por outro lado, canta.

Se algo falha, ela canta à capela. Dança.

Faz graça.

Improvisa com uma leveza que eu admiro, mas não domino.

O planejamento como ferramenta adaptativa

Então o que eu faço?

Eu planejo **para o imprevisto**.

Carrego comigo todas as versões da minha apresentação – em PowerPoint, PDF, *keynote*.

Levo 15 tipos de adaptador.

Tenho o texto da palestra também em formato de entrevista, de bate-papo, de roteiro. Se necessário, posso fazer a apresentação de cor, com *flipchart*, ou até com *post-its*.

Não é excesso de zelo. **É inteligência adaptativa em formato planejado.**

Esta é a chave que muitos ignoram:

Ser adaptável não é, necessariamente, improvisar bem.

É responder bem ao que surge – seja por meio do improviso, seja por meio da preparação prévia.

O que é adaptabilidade, afinal?

Adaptabilidade não é mudar a essência. É preservar a intenção alterando a forma.

É manter o foco, mas modificar o caminho.

É querer chegar – e aceitar chegar por outra rota, se necessário.

Alguns conseguem isso com intuição. Outros, com planejamento. Ambos são válidos.

O problema é confundir "ser adaptável" com "ser espontâneo". Mas nem todo adaptável é espontâneo. E nem todo espontâneo é adaptável.

A verdadeira adaptabilidade **não está na forma da reação, mas na qualidade da resposta.**

Flexibilidade estratégica: planejar como se tudo fosse dar errado

Há uma estratégia chamada ***pré-mortem***, usada em gestão de risco.

Ela consiste em imaginar que o projeto fracassou – e, a partir daí, mapear tudo o que poderia ter causado esse fracasso.

É um exercício de planejamento para o imprevisível.

Ou seja: **usar a mente planejadora a serviço da flexibilidade.**

É como se disséssemos: "Eu não sei o que vai dar errado, mas sei que algo pode dar errado – e por isso já preparei minhas alternativas".

Essa é a versão estruturada da adaptabilidade.

Perfil não é destino

O grande erro é pensar que seu perfil psicológico é destino.

Que ser uma pessoa metódica significa ser uma pessoa engessada.

Ou que, para se adaptar, você precisa virar um artista do improviso. Nada disso.

O que você precisa é entender **qual é a sua zona de segurança – e como ampliar sua zona de flexibilidade dentro dela.**

A adaptabilidade, então, **não é um talento. É uma estratégia.**

Você pode ser adaptável à sua maneira:

- O intuitivo reage na hora.
- O planejador antecipa cenários.
- O ansioso constrói *buffers*.
- O minimalista reduz variáveis.

O importante é não resistir ao fato de que **a mudança é o único ponto fixo do mundo moderno.**

Improviso e planejamento não são opostos: são aliados

Improvisar é tomar decisões no presente com base no contexto. Planejar é tomar decisões no presente com base no futuro.

Mas ambos se conectam num ponto comum: **a incerteza.**

A diferença é que um reage; o outro se prepara.

Ambos adaptam.

Um músico de jazz improvisa com genialidade – mas só faz isso porque passou anos estudando escalas.

Um palestrante planeja cada *slide* – mas é só quando aprende a rir do imprevisto que se torna inspirador.

Improviso e planejamento não se excluem; se complementam.

Não se trata de mudar quem você é, mas de expandir quem você pode ser

Não existe só uma forma de ser adaptável.

O mundo não exige que você seja leve, descontraído e descolado o tempo todo. Ele exige que você seja responsivo. Preparado. Destravado. Consciente.

Você pode ser adaptável:

- Planejando para o caos.
- Criando planos B, C, D.
- Dominando o conteúdo para improvisar na forma.
- Antecipando cenários para manter a fluidez diante do inesperado.

No fim, a adaptabilidade não está no estilo. Está na postura. Está na disposição de continuar o jogo, mesmo que mudem as regras no meio da partida.

Não importa se você dança no improviso ou se carrega 15 adaptadores na mochila.

O que importa é que, quando o mundo mudar, você não paralise. Você aja.

Do seu jeito.

Com sua inteligência.

Com sua preparação.

Com sua verdade.

14

Mudança vem de decisão, não de intenção

O abismo entre o que se pensa e o que se faz

Vivemos tempos de consciência elevada – e ação reduzida.

Sabemos mais, sentimos mais, refletimos mais.

Mas **mudamos pouco**.

Há uma diferença enorme entre **formar uma convicção** e **alterar um comportamento**.

Entre enxergar o problema e ter a coragem de virar a chave.

Entre o "preciso mudar" e o "mudei".

Conhecimento não transforma por si só.

Desejo não basta.

A mudança não nasce na cabeça – ela nasce na decisão.

A "síndrome do velório do amigo"

Três amigos se reencontram no velório do quarto amigo.

Diante do caixão, olhos marejados, expressões cansadas, todos tomados por aquele silêncio que só a morte impõe.

E então, a epifania.

O primeiro diz:

– Olha isso. É o fim de todos nós. Tenho trabalhado como um louco, não vejo minha família, não tenho tempo para nada. Preciso mudar antes que eu acabe assim também.

O segundo concorda:

– E eu que estou sedentário, fora de forma, não cuido de mim, não durmo bem... A velhice vai chegar e eu não estou pronto. Isso não é vida.

O terceiro desabafa:

– Eu vivo à base de remédios. Ansiedade, depressão, insônia. Trabalho sem parar. Preciso parar de me matar por um sistema que não me devolve paz.

Os três concluem juntos:

– A gente precisa mudar. Agora.

Uma semana depois...

Estão exatamente nos mesmos lugares.

Mesma rotina.

Mesmo ritmo.

Mesma ausência.

Essa é a "síndrome do velório do amigo".

Aquele momento em que tudo se ilumina e nada muda. Porque, apesar de a intenção ser verdadeira, a decisão **não veio**.

Convicção é condição necessária – mas não suficiente

A maioria das pessoas **sabe o que precisa mudar**.

Sabe que precisa cuidar da saúde.

Sabe que precisa estar mais presente para os filhos.

Sabe que precisa mudar de trabalho, de cidade, de hábitos, de postura. Mas saber **não move**.

A convicção é a planta da casa.

Mas a construção **só começa com a primeira fincada de pá no chão**.

E isso exige mais do que reflexão. Exige **ação**.

A porta da mudança só se abre por dentro

Mudar exige decisão – e decisão é uma porta que se abre **de dentro para fora**.

Ninguém pode atravessar por você. Ninguém pode empurrar. Só você pode girar a maçaneta.

A procrastinação, por sua vez, é o **mais sofisticado mecanismo de autoengano que existe**.

Ela nos dá a sensação de estarmos a caminho – quando, na verdade, **estamos parados**.

Dizer "um dia eu vou mudar" é o mesmo que dizer: "**Nunca**".

Porque **o único dia possível é hoje**.

Todo o resto é postergação com verniz de planejamento.

O conforto da zona desconfortável

Um dos paradoxos da psique humana é que preferimos o desconforto conhecido à incerteza libertadora.

Vivemos mal, mas **sabemos como viver mal**.

A dor é familiar.

A frustração é conhecida.

O vazio é confortável.

Por isso, mudar – de verdade – é tão raro.

É preciso sair de um espaço onde tudo está errado, mas **tudo é previsível**.

É preciso trocar a prisão pela possibilidade.

E isso **dá medo**.

Pretensão sem ação é fantasia

A diferença entre **intenção** e **decisão** está no verbo.

Intenção diz:

– Eu deveria.

– Eu queria.

– Eu preciso.

– Eu vou… em breve.

Decisão diz:

– Eu estou fazendo.

– Eu comecei.

– Eu mudei.

Enquanto a intenção fantasia com o futuro, **a decisão planta uma estaca no presente**.

Três perguntas transformadoras

Se você sente que precisa mudar, faça um exercício brutalmente honesto:

1. **O que exatamente eu quero mudar?**
2. **Por que ainda não comecei?**
3. **O que vai acontecer se eu não mudar agora?**

A resposta para a terceira costuma ser a mais poderosa.

Porque ela revela o preço da inércia.

Mudar exige mais do que coragem: exige método

Coragem é o primeiro passo. Mas mudar exige estrutura.

Quer mudar sua alimentação? Comece tirando um item da dieta – não 10.

Quer cuidar da saúde mental? Desmarque um compromisso para incluir 1 hora de silêncio.

Quer mudar de trabalho? Comece estudando novas possibilidades sem abandonar tudo de uma vez.

A mudança não precisa ser drástica. Mas precisa começar.

A urgência da vida real

A vida não espera. O corpo não espera. O tempo não espera.

Esperar o "momento certo" é um mito.

O momento certo é aquele em que você decide que basta.

Porque não há impacto na vida sem **incômodo suficiente**.

E não há transformação sem **um basta verdadeiro**.

O que você pretende... você já começou?

Muita gente tem sonhos belíssimos que morrem na intenção.

Projetos promissores que morrem no "um dia".

Mudanças urgentes que morrem no caixão do amigo – **porque a dor foi passageira, mas o medo de agir é permanente.**

Lembre-se:

Convicção é o mapa. Decisão é a viagem.

E como já dizia a sabedoria antiga: "A jornada de mil léguas começa com o primeiro passo".

A pergunta é:

Você está convencido – ou já decidiu?

15

O atalho é a maior distância entre dois pontos

A ilusão do caminho curto e o preço alto da pressa

Quem já percorreu o Caminho de Santiago, na Espanha, sabe disso: **atalhos são armadilhas para os impacientes.**

Parecem generosos, promissores. Oferecem menos quilômetros, mais sombra, ou menos elevação.

Mas quase sempre – sem exceção – terminam em confusão, cansaço e frustração.

Falo com a autoridade de quem aprendeu isso com as próprias pernas.

De quem caiu, tropeçou, e teve que dar meia-volta para voltar à trilha original.

É por isso que digo, com a certeza de um peregrino: **o atalho é, quase sempre, o caminho mais longo disfarçado de inteligência.**

Sem as setas, a gente se perde

No Caminho de Santiago, as setas amarelas são sagradas.

Pequenas, discretas, mas essenciais.

Elas estão pintadas em muros, pedras, árvores, postes.

Indicam o caminho certo – não o mais rápido, mas **o mais verdadeiro.**

Quando alguém resolve ignorá-las para "ganhar tempo", normalmente perde o dobro.

Anda mais. Desgasta-se. E fica frustrado.

E volta com a lição gravada no corpo: **não existe ganho sem caminho.**

A cultura do clique: o atalho virou regra

Metaforicamente, o mundo hoje está cheio de pessoas abandonando suas setas amarelas.

Vivemos na era da gratificação instantânea.

A lógica do **aqui e agora** substituiu o ritmo natural das coisas. Queremos:

- Emagrecer sem mudar a alimentação.
- Ficar ricos com três vídeos no Instagram.
- Ser promovidos sem aprender a liderar.
- Ser reconhecidos sem fazer o trabalho duro.

E quando algo exige esforço contínuo, disciplina ou tempo, rotulamos como "ineficiente".

A ansiedade virou bússola.

E ela aponta sempre para o atalho.

A quebra da relação esforço-recompensa

Historicamente, havia uma equação simples que sustentava a vida em sociedade:

Esforço → resultado.

Estudo → aprendizado.

Trabalho → remuneração.

Dedicação → reconhecimento.

Disciplina → saúde.

Mas essa equação foi **adulterada**.

Hoje, com filtros, truques, atalhos digitais e marketing de promessas fáceis, estamos ensinando às novas gerações que **o resultado pode (ou deve) vir antes do esforço**.

Essa inversão gera uma cultura de **esperteza, e não de excelência**.

De aparência, e não de substância.

De atalhos, e não de caminhos.

O buraco ético da esperteza

A esperteza, no começo, é sedutora.

Funciona. Dá resultado. Impressiona.

Mas logo começa a corroer a base da confiança, da retidão e da construção sólida.

Quando você substitui caráter por carisma, consistência por atalhos, ética por oportunismo...

Você até pode chegar mais rápido. Mas dificilmente chega **inteiro**.

Atalhos cobram pedágio.

E, às vezes, esse pedágio é caro demais.

O pacto com a facilidade

Buscar atalhos o tempo todo é, de certa forma, **fazer um pacto com a facilidade**.

É como vender a alma para o diabo.

No início, ele entrega.

Mas ele cobra.

E cobra com juros emocionais, éticos, espirituais e, às vezes, físicos.

Você pode até cortar caminho para o sucesso. Mas perde a chance de construir musculatura interna suficiente para sustentá-lo depois.

Porque o que vem rápido, **geralmente vai embora antes de amadurecer**.

Caminhar com lentidão é sabedoria, não atraso

A sabedoria antiga dizia: "Devagar se vai ao longe".

Hoje, isso parece inaceitável.

"Devagar" virou sinônimo de ineficiência.

Mas quem caminha com constância, com propósito, com verdade... chega mais longe, mais inteiro e mais capaz.

O problema é que ninguém quer ser lento num mundo onde a velocidade é glamourizada.

Mas o que poucos percebem é que **a velocidade rouba o valor do processo**.

E é no processo **que a transformação acontece**.

O valor do processo

Um caminho é mais do que um meio para chegar a algum lugar. Ele é um espaço de lapidação.

É no caminho que se aprende:

- A lidar com a dúvida.
- A respeitar o ritmo.
- A perceber os detalhes.
- A encontrar o outro.
- A encontrar a si mesmo.

O atalho ignora isso tudo.

O atalho **pula fases**.

E pular fases nos transforma em versões inacabadas de nós mesmos.

O resultado do atalho: chegar, mas não se reconhecer

Você pode até chegar aonde queria.

Mas, se não trilhou o processo com presença, integridade e construção, talvez, quando chegar, não se reconheça mais.

Talvez descubra que o preço foi **abrir mão de partes importantes da sua identidade**.

Porque o caminho transforma.

O atalho apenas transporta.

E não há verdadeira chegada sem transformação interior.

O verdadeiro caminho vale cada passo

O mundo vai continuar oferecendo atalhos.

Sempre haverá uma forma mais rápida, mais barata, mais sedutora. Mas o preço quase sempre é alto – e, muitas vezes, **invisível no começo**.

Por isso, vale lembrar a sabedoria que aprendi no Caminho de Santiago – com o corpo cansado, os pés em carne viva e o coração leve:

O caminho certo pode ser mais longo – mas é o único que o leva até você.

Escolha suas setas. Confie no processo. Resista à tentação da pressa.

E lembre-se:

O atalho é, quase sempre, a maior distância entre dois pontos.

16

Sucesso e felicidade são forças distintas de atração

"Se você busca o sucesso, o mundo o empurra. Se busca a felicidade, o mundo o abraça."

A frase que inspira este texto pode soar simples, mas é, talvez, uma das maiores verdades que podemos oferecer a alguém ao longo da vida.

Ela toca no ponto mais delicado da jornada humana: **o que estamos buscando**?

Mais do que uma escolha de vida, trata-se de um vetor existencial. De uma orientação íntima que, silenciosamente, molda nossas decisões, nossa maneira de amar, de trabalhar, de educar os filhos e de medir o próprio valor.

O impulso do sucesso: um mundo que empurra

Quem declara ao mundo que quer ser bem-sucedido, notado, reconhecido, respeitado, aplaudido, ativa imediatamente as engrenagens da competição.

O mundo **empurra essa pessoa**.

E empurra com força.

Ele coloca oportunidades no caminho, sim. Mas também adversários, cobranças, comparações, padrões de excelência, metas, métricas e julgamentos.

O sucesso, em sua versão clássica – financeira, artística, intelectual, pública –, exige **resiliência, obsessão e foco absoluto**.

A pessoa que busca o sucesso com sofreguidão não pode olhar para os lados. Ela precisa mirar o topo.

E isso exige sacrifícios, renúncias e uma fé quase religiosa em sua causa. Esse tipo de trajetória **atrai o mundo como força gravitacional**.

A sociedade reconhece, investe, celebra – desde que o movimento continue, sempre para cima.

Quem busca o sucesso se coloca numa linha reta.

E o mundo, ao reconhecê-lo nesse vetor, o empurra para a frente – mesmo que o corpo, a alma e o tempo pessoal estejam pedindo descanso.

A acolhida da felicidade: um mundo que abraça

Quem coloca a felicidade como prioridade, por sua vez, **emite outro tipo de sinal para o Universo**.

Não é mais o caminho da performance – é o caminho da presença. Não é sobre crescer aos olhos dos outros – é sobre caber dentro de si.

Pessoas que priorizam a felicidade costumam ter uma abordagem **mais múltipla, mais sensível, mais aberta às bifurcações do caminho**.

Elas não são "menos ambiciosas" – mas são **ambiciosas por uma vida inteira**, não apenas **visível**.

Buscam saúde emocional, afeto profundo, tempo de qualidade, prazer nas pequenas coisas, relações verdadeiras, riso fácil.

E o mais curioso: **essas pessoas não precisam ser empurradas pelo mundo**.

O mundo **as abraça**.

O mundo as acolhe em suas escolhas.

O mundo as convida a participar de experiências significativas.

Elas não competem – elas pertencem.

A encruzilhada dos pais: entre cultivar talento e ampliar humanidade

Essa dicotomia se expressa de forma dolorosa – e decisiva – na educação de nossos filhos.

Todo pai e toda mãe já se perguntaram:

"Devo fortalecer o talento que meu filho demonstra com todas as ferramentas possíveis? Ou devo ajudá-lo a ser um ser humano completo, múltiplo e equilibrado?"

Imagine uma criança que demonstra, desde cedo, o interesse por tocar piano. Ela tem gosto, talento, disciplina.

Diante disso, os pais podem:

1. **Investir no talento** e comprar um piano Steinway, contratar um professor renomado, levá-la a concertos, inseri-la num ambiente de excelência.

Desse modo, a criança, se tiver vocação e apoio, pode se tornar um *virtuose*. O mundo vai empurrá-la com oportunidades, bolsas, aplausos, prestígio.

2. **Preservar o equilíbrio** e estimular o piano, sim, mas também o esporte, a convivência, as artes plásticas, o lazer, os amigos.

A criança crescerá de forma mais "horizontal", com muitos interesses.

Talvez não se torne um gênio do piano, mas será um ser humano completo e feliz.

A dúvida que todo educador carrega é:

Queremos criar especialistas brilhantes ou cidadãos inteiros? Pessoas que performam ou pessoas que pertencem?

O paradoxo dos destinos trocados

A ironia do tempo é que essas trajetórias – tão diferentes – **podem se cruzar lá na frente**.

A pessoa que perseguiu o sucesso obsessivamente, se não for engolida pela própria velocidade, pode descobrir, anos depois, **o valor da felicidade**.

Ao conquistar o topo, ela pode, enfim, descansar. Respirar. Viver.

Por outro lado, **aquela que buscou felicidade em primeiro lugar** – cultivando equilíbrio, presença, alegria cotidiana – pode um dia descobrir que **essa vida plena também a tornou bem-sucedida**.

Ela construiu relações fortes, formou reputação, construiu valor e legado.

E o sucesso chegou – **pela porta dos fundos da alma**.

O sucesso é afunilado. A felicidade é expandida

Essa é uma chave fundamental:

- O **sucesso** exige foco. É um funil. Um caminho estreito, exigente e competitivo.
- A **felicidade** exige amplitude. É um campo aberto. Uma caminhada com curvas, encontros e contemplações.

Ambos são legítimos.

Ambos têm preço.

Ambos têm beleza.

Mas confundir um com o outro é o caminho mais curto para a frustração.

Quem busca o sucesso esperando felicidade imediata pode se decepcionar com o frio do pódio.

Quem busca apenas a felicidade e espera que o sucesso "caia do céu" pode se frustrar com as exigências do mundo concreto.

Qual é a bússola?

O mais importante, talvez, não seja escolher entre sucesso e felicidade. Mas saber **qual é a bússola que guia suas escolhas**.

Se sua bússola é:

- Reconhecimento externo → prepare-se para uma jornada puxada, mas recompensadora no mundo dos resultados.
- Satisfação interna → aceite que seu ritmo será outro, e que o mundo pode levar mais tempo para perceber o seu brilho.

A sabedoria está em **alinhar desejo com método**.

E entender que:

> **"Quem busca o sucesso, o mundo empurra. Quem busca a felicidade, o mundo abraça. E com o tempo... o empurrado pode chegar ao abraço. E o abraçado pode chegar ao aplauso."**

O que o mundo devolve depende do que você emana

O mundo não julga suas escolhas – **ele apenas reage a elas**.

Se você emana ambição, o mundo responde com oportunidades e exigências.

Se você emana serenidade, o mundo responde com vínculos e acolhimento.

Se você emana brilho, o mundo acende refletores.

Se você emana presença, o mundo oferece abraços.

Contudo, o segredo talvez não seja escolher um caminho único – mas **dançar entre os dois**.

Ter metas – mas não perder a música.

Ter disciplina – mas não abrir mão do riso.

Ter foco – mas não esquecer de olhar ao redor.

Porque a vida, no fim das contas, não exige que sejamos ou bem-sucedidos ou felizes.

Ela nos convida a **sermos inteiros**.

17

Um bom negócio só acontece quando os dois lados perdem

A arte de negociar como construção conjunta, não como conquista unilateral

Negociar.

Talvez um dos verbos mais usados – e menos compreendidos – do vocabulário corporativo.

Todos falam sobre "negociar bem", "negociar duro", "fazer o melhor negócio possível".

Mas quase ninguém pergunta: **o que significa, de fato, um bom negócio?**

A resposta parece óbvia: "Um bom negócio é aquele em que eu saio ganhando".

Errado. Ou melhor: **incompleto.**

Um bom negócio – verdadeiramente bom – **só acontece quando os dois lados perdem.**

Não perdem valor. Não perdem dignidade. Não perdem racionalidade.

Mas perdem três coisas fundamentais que, paradoxalmente, impedem os negócios de acontecer:

- O medo.
- As verdades absolutas.
- A vontade de fazer o melhor negócio do mundo.

I. Perder o medo

O medo trava. Paralisa. Defende o ego e cria resistência.

Em qualquer negociação, o medo está presente – mesmo que camuflado por racionalidade.

Medo de ser passado para trás.

Medo de ceder.

Medo de parecer fraco.

Medo de confiar no outro.

Mas só há avanço real quando os dois lados conseguem **deixar o medo na porta**.

Negociar exige coragem.

Coragem de ouvir, de abrir mão, de mostrar limites, de pedir ajuda.

Sem essa perda – a do medo – não há espaço para construir uma ponte. Só trincheiras.

II. Perder as verdades absolutas

Todo negociador entra na mesa com crenças.

Com visões de mundo.

Com "certezas" sobre o que é justo, o que é valor, o que é ganho, o que é aceitável.

Essas certezas, no entanto, **não cabem em uma mesa de negociação**.

Porque negociar **não é fazer valer a sua verdade**.

É encontrar a verdade possível entre duas visões.

Quem entra numa negociação querendo impor sua lógica termina travado no próprio discurso.

E negócios travados – mesmo quando assinados – **não duram**.

A negociação bem-sucedida acontece **quando as certezas se curvam diante da escuta**.

Quando a rigidez dá lugar à construção.

Quando o "eu sei" dá lugar ao "me explica melhor".

III. Perder a vontade de fazer o melhor negócio do mundo

Esse é o ponto mais delicado.

Vivemos em um mundo obcecado por performance.

Todo negociador quer "ganhar", "vencer", "bater o martelo com orgulho". Mas essa obsessão **contamina a relação**.

Negociar não é vencer. Negociar é **equilibrar**. É encontrar o ponto em que ambos cedem um pouco – para construir muito.

O melhor negócio do mundo, no curto prazo, pode ser **o início da pior relação de longo prazo**.

Porque alguém saiu com a sensação de ter perdido demais.

E essa sensação **volta – em forma de ressentimento, vingança ou ruptura**.

Por isso, um bom negócio acontece quando **ninguém faz o melhor negócio possível**. Mas **ambos fazem o melhor negócio viável**.

Negociar é empatia estruturada

A negociação não é apenas troca de interesses.

É, antes de tudo, **um exercício de empatia ativa**.

É preciso entender:

- → O que está em jogo para o outro?
- → O que ele teme?
- → O que ele valoriza?
- → Onde está o ponto de tensão?
- → Onde está o ponto de honra?

Essas perguntas não aparecem no contrato.

Mas definem se a assinatura será seguida de confiança – ou desconfiança.

Negociar exige **entrar na mente do outro sem sair da sua.**

É uma dança de escuta, ajuste, percepção e sensibilidade.

Negociação é filme, não é foto

Outro erro comum é tratar cada negociação como **uma transação isolada.**

"Fechei bem esse contrato."

"Ganhei nessa rodada."

"Conquistei esse cliente."

Mas a verdade é que **cada negociação** é **apenas um capítulo de uma história.**

É filme, não foto.

E, como em todo bom filme, o enredo precisa ter continuidade, coerência e evolução.

Se você negocia para vencer **hoje** e destrói a relação, está cavando sua própria cova **amanhã.**

Negociar com visão sistêmica é **entender que a relação vale mais do que a cláusula.**

E que manter um parceiro saudável vale mais do que ganhar um contrato desequilibrado.

Quando um bom negócio é uma boa relação

No fundo, toda boa negociação é uma relação saudável disfarçada de acordo.

Porque:

- Onde há respeito, há fluidez.
- Onde há escuta, há entendimento.
- Onde há equilíbrio, há confiança.
- E onde há confiança… há negócios.

Empresas que compreendem isso **valem mais**.
Profissionais que praticam isso **duram mais**.
Pessoas que vivem isso **constroem mais**.

A negociação como escola de humanidade

Negociar bem não é apenas saber calcular margens, analisar contratos e posicionar argumentos.

É saber ouvir, adaptar, ceder, calibrar e, principalmente, respeitar.

Um bom negócio, ao contrário do que dizem os manuais frios, **não é aquele em que se leva mais**.

É aquele em que se leva junto **um parceiro que quer continuar**.

E isso só acontece quando, no meio da negociação, os dois lados:

- Perdem o medo.
- Perdem as verdades absolutas.
- Perdem a vontade de fazer o melhor negócio do mundo.

Porque, ao perder tudo isso, **ganha-se o mais importante**: **o outro**.

18

“É preciso saber para ousar, ousar para querer, e querer para reinar.”

– Éliphas Lévi

Saber, ousar, querer, reinar – a jornada interior de todo líder autêntico

Essa frase do escritor e ocultista francês *Éliphas Lévi*, escrita no século XIX, não envelheceu um dia sequer.

Pelo contrário – talvez nunca tenha sido tão atual.

Ela descreve, com uma precisão quase matemática, **a escalada da liderança verdadeira**.

Uma trajetória que parte do conhecimento, atravessa a ousadia, afirma a vontade e culmina na influência legítima.

No fundo, essa tríade é um **mapa do poder com propósito**.

E, como todo mapa, exige leitura cuidadosa, interpretação simbólica e aplicação prática.

Vamos percorrer cada um desses degraus.

I. É preciso saber para ousar

A primeira etapa é o **saber**.

Saber é o alicerce da ousadia.

Não há inovação sem repertório.

Não há ruptura sem compreensão profunda do que se está rompendo.

Não há decisão disruptiva sem leitura atenta do contexto.

Quem ousa sem saber é inconsequente.

Quem sabe, mas não ousa, é estéril.

Mas quem **sabe para ousar** é estrategista.

A ousadia consciente é fruto de estudo, **observação, leitura e escuta**.

No mundo das ideias, isso se traduz por entender o terreno antes de inventar uma nova estrada.

No mundo dos negócios, é dominar o setor antes de propor uma ruptura.

No mundo da arte, é dominar a técnica antes de subvertê-la.

Todo criador verdadeiro, antes de inovar, **mergulhou nas bases**.

Saber, portanto, **não é passividade – é a antecâmara da coragem**.

II. É preciso ousar para querer

O segundo movimento é a **ousadia**.

E aqui começa o verdadeiro salto de consciência.

Porque quem ousa, **se expõe**.

Assume riscos. Sai da zona de conforto. Coloca a pele em jogo.

E por que isso é necessário para "querer"?

Porque só deseja de verdade quem já **saboreou a possibilidade**.

Quem ousou um pouco e viu que era possível.

Quem tocou o desconhecido com as pontas dos dedos e sentiu que ali havia sentido.

A ousadia é o ensaio da vontade.

Ela desperta o desejo adormecido.

Ela mostra que há potência escondida, esperando permissão para florescer.

Quantas vezes ficamos paralisados por inseguranças até que, um dia, **ousamos – e tudo mudou**.

A ousadia é o despertar da ação.

Na prática, ousar pode ser:

- → Propor uma ideia nova numa reunião.
- → Largar um emprego que adoece.
- → Escrever o primeiro capítulo de um livro.
- → Falar em público.
- → Amar novamente.

São gestos pequenos que, somados, **reacendem a centelha da vontade**.

Porque, como já se disse: "Às vezes, o maior risco é não correr nenhum".

III. É preciso querer para reinar

Por fim, chegamos à etapa da **vontade**.

Aqui, a frase de Éliphas Lévi se encontra com **Nietzsche**. Para este último, o ser humano pleno é o *Übermensch* – o "além-do-homem", aquele que cria seus próprios valores, transcende os limites herdados e afirma sua existência com potência criadora.

E o combustível dessa travessia é a **vontade de potência**.

Reinar, portanto, não é dominar os outros – é dominar a si.

É alinhar desejo com ação. Potencial com realização. Ser com parecer.

É a vontade que sustenta o projeto. É ela que permite resistir às frustrações, às críticas, aos fracassos temporários.

Sem vontade, não há continuidade.

E sem continuidade, **não há reinado**.

Reinar, nesse sentido, **não é uma posição – é uma conquista existencial**.

É a capacidade de conduzir a própria vida com autoria e propósito.

E, ao fazer isso, inspirar outros a fazerem o mesmo.

A espiral: saber → ousar → querer → reinar

O que Éliphas Lévi propôs como uma progressão linear pode, na verdade, ser lido como uma **espiral evolutiva**.

Cada ciclo da vida exige:

- Um novo saber.
- Uma nova ousadia.
- Uma vontade renovada.
- E um novo tipo de reinado.

A liderança não se atinge uma vez e pronto. Ela se **reconquista continuamente**.

Hoje, liderar é ter coragem de mudar. Amanhã, será ter coragem de permanecer.

Hoje, será ousar dizer "sim". Amanhã, será ousar dizer "não".

O mesmo vale para o querer:

Queremos coisas diferentes em cada fase da vida.

Mas só podemos reinar sobre elas se **formos fiéis ao ciclo**: **saber**, **ousar**, **querer**, **agir**.

Liderança como jornada interior

A frase de Éliphas Lévi também nos obriga a repensar o que é ser **líder**.

Não é o cargo.

Não é o poder delegado.

Não é o microfone ou o crachá. É a pessoa que:

- Buscou conhecimento antes de falar.
- Assumiu riscos antes de cobrar dos outros.
- Desejou com intensidade, mas sem arrogância.
- E chegou ao poder com vontade – mas sem perder a humildade.

O líder de verdade **reina não por comando, mas por coerência**.

Não impõe – irradia.

E o caminho até esse tipo de autoridade é o mesmo:

Saber para ousar.

Ousar para querer.

Querer para reinar.

O ciclo do líder como ser em transformação

Em um mundo que clama por líderes mais humanos, mais conscientes e mais autênticos, a frase de Éliphas Lévi ressurge como um manual silencioso – e poderoso.

Ela nos lembra que:

- **Saber** é respeitar o contexto antes de transformá-lo.
- **Ousar** é dar o primeiro passo sem garantias.
- **Querer** é afirmar seu propósito com coragem.
- **Reinar** é servir a algo maior do que o próprio ego.

E que essa ordem não pode ser invertida.

Quem quer reinar sem querer de verdade, fracassa.

Quem quer querer sem ousar, paralisa.

Quem ousa sem saber, erra mais do que acerta.

Mas quem honra o ciclo com honestidade, consistência e escuta... **deixa legado**.

19

"O que já fiz não me interessa. Só penso no que ainda não fiz."

– Pablo Picassó

Viver olhando pelo para-brisa, não pelo retrovisor

Pablo Picasso dizia:

> **"O que já fiz não me interessa.
> Só penso no que ainda não fiz".**

Não era desprezo pelo passado. Era fome de futuro.

E essa postura talvez seja uma das maiores marcas dos que constroem legados duradouros: **a inquietude criadora**.

O impulso contínuo. O desinteresse pelo aplauso que já foi dado – e a obsessão pelo gesto que ainda falta.

A vida, para os criadores, não é um museu. É um canteiro de obras em andamento.

O perigo de viver pelo retrovisor

Todos nós temos uma tendência natural a olhar para trás. Remoer vitórias, repassar erros, repisar traumas, revisitar glórias. O passado tem o conforto das histórias já conhecidas.

É familiar. É seguro.

Mas o excesso de retrovisor **nos tira a visão do que importa: o caminho à frente**.

Ninguém dirige olhando para trás.

Ninguém constrói olhando para o que já está pronto.

Quando nossa energia se fixa demais no que fomos, **ela se retira do que ainda podemos ser**.

E o declínio, como bem formulado, **começa quando trocamos sonhos por memórias**.

Saramago e a bolsa das memórias

O escritor José Saramago fez uma comparação belíssima:

"Somos todos marsupiais. Carregamos uma bolsa invisível de memórias".

Dentro dessa bolsa está tudo o que vivemos.

Ela nos define, nos protege, nos explica.

Mas também pode nos prender.

O problema **não é ter a bolsa**.

É ficar **mergulhado nela**, remexendo o tempo todo.

Valorizando demais o que já se fez – e desvalorizando o que ainda está por ser feito.

A bolsa deve ser **repositório**, não **refúgio**.

Uma coleção, não uma prisão.

Um ponto de partida, não um ponto final.

Quando a memória vira medalha – e trava o movimento

Em muitos momentos da vida, o que fizemos **nos sustenta**.

Nos dá currículo. Autoridade. Experiência.

Mas há um ponto em que o que fizemos **vira um peso**.

A medalha no peito vira âncora nos ombros.

O histórico vira um museu pessoal que **nos impede de experimentar o novo**.

Quantas pessoas geniais pararam de criar depois de um grande feito?

Quantos profissionais brilhantes passaram a apenas replicar o passado, com medo de arriscar?

O excesso de passado pode matar o futuro.

O futuro não se alcança andando para trás

Picasso nos ensina uma das posturas mais vitais da existência criadora: **o desinteresse por permanecer no próprio passado.**

Ele pintou mais de 50 mil obras ao longo da vida. E, a cada nova fase, se reinventava.

Nunca quis repetir o que já havia feito. Nunca parou para "curtir os louros".

Estava sempre **um passo à frente do seu próprio tempo.**

E é isso que distingue os que vivem do que fizeram daqueles que vivem para o que ainda farão.

Viver em construção permanente

A maturidade da vida não deveria significar estabilidade absoluta – mas **movimento consciente.**

O corpo pode cansar. Mas o espírito precisa continuar caminhando.

Não existe ponto final para quem tem uma biografia em progresso.

Não existe "missão cumprida" para quem entende a vida como obra aberta.

Cada manhã é um convite para **acrescentar algo novo à própria narrativa.**

Mais do que repetir capítulos anteriores – trata-se de **escrever uma nova página.**

Não seja autor de um único capítulo

Todo mundo já teve seus grandes momentos.

Mas ninguém precisa se resumir a eles.

Se a sua melhor história é algo que você já viveu, **talvez você tenha parado cedo demais**.

Se o seu maior projeto ficou no passado, **talvez seu presente esteja esperando uma nova ousadia**.

A pergunta que mais revela o rumo de uma vida é simples:

Você está vivendo de memórias ou de planos?

"Nosso declínio começa quando trocamos sonhos por memórias."

- DITO POPULAR

20

Assuma que você é abaixo da média

A humildade como chave de sobrevivência num mundo em constante mutação

Vivemos numa era em que a ignorância não é mais falta de informação. É excesso de certeza.

A frase "assuma que você é abaixo da média" parece, à primeira vista, desmotivadora, quase cruel.

Mas ela é, na verdade, uma das mais poderosas ferramentas para **aprendizado, inovação, empatia e crescimento.**

É um convite à suspensão da vaidade.

Uma chave para destravar a mente diante da avalanche de mudanças que nos atravessa.

O paradoxo da superioridade ilusória

Estudos da psicologia comportamental comprovam um fenômeno curioso e recorrente: **a maioria das pessoas acredita estar acima da média.**

- **93% dos motoristas** se acham mais habilidosos do que a média (estudo da Universidade de Illinois).
- **96% dos pacientes com câncer** acreditam que seus casos são menos graves do que os demais (*British Journal of Health Psychology*).

Em pesquisas com alunos universitários, mais de **80% se classificam como "acima da média"** em inteligência, ética e habilidades sociais.

Esse fenômeno tem nome: **efeito Dunning-Kruger**, um viés cognitivo que nos faz superestimar nossa competência – especialmente em áreas nas quais somos menos qualificados.

É o oposto da sabedoria socrática.

É a ilusão que protege o ego – mas **sabota o progresso**.

O perigo de se achar bom demais

Quando você se acha melhor do que realmente é:

- → Você para de perguntar.
- → Você filtra *feedbacks*.
- → Você despreza o outro.
- → Você se torna inédito na forma, mas repetitivo no conteúdo.

E o pior: **você para de aprender**.

Ninguém aprende quando já acha que sabe.

Ninguém ouve quando está ocupado demais falando de si.

Ninguém evolui quando se vê como referência – e não como aprendiz.

Em tempos de mudança, somos todos iniciantes

O filósofo Alvin Toffler dizia:

> **"Os analfabetos do século XXI não serão aqueles que não sabem ler e escrever, mas os que não conseguem aprender, desaprender e reaprender".**

E o conceito de *lifelong learning* está aí para responder a esse desafio.

Em um mundo estável, a experiência acumulada é vantagem. Em um mundo instável, ela pode ser **armadilha**.

Quem insiste em aplicar modelos passados a realidades novas **erra com convicção**. E isso é pior do que errar com dúvida.

Vivemos uma era em que o tempo de obsolescência do saber é brutal. O que você aprendeu ontem, pode ser inútil amanhã.

O que fez sua empresa crescer por 20 anos, pode levá-la ao colapso no próximo trimestre.

Portanto, **humildade não é virtude – é estratégia**.

Assumir-se "abaixo da média" não é autoanulação – é **adaptação consciente**.

A humildade como base do crescimento

Veja grandes figuras da inovação contemporânea:

- **Satya Nadella**, CEO da Microsoft, transformou a cultura da empresa a partir de um princípio: o **"growth mindset"**. O foco saiu do orgulho de saber e entrou no orgulho de aprender.
- **Ray Dalio**, fundador da Bridgewater, implementou o conceito de "radical transparency", em que o pressuposto básico é: **ninguém está certo o tempo todo – especialmente o líder**.
- **Jeff Bezos**, criador da Amazon, disse: "As pessoas que têm razão frequentemente mudam de ideia".

Esses líderes não fizeram da autoconfiança uma muralha, mas sim uma **janela aberta para o desconhecido**.

A mente vazia como espaço fértil

Na filosofia zen, existe o conceito de **"mente de principiante"** (*shoshin*).

É a ideia de que devemos nos aproximar de cada experiência como se fosse a primeira.

Com olhos frescos. Sem preconceitos. Sem expectativas rígidas.

"Na mente do principiante há muitas possibilidades. Na do especialista, poucas."

- SHUNRYU SUZUKI

A arrogância do especialista é limitante. A humildade do principiante é libertadora.

Pergunte sempre. Questione o tempo todo

A chave para manter-se abaixo da média – no bom sentido – está em três atitudes simples, mas revolucionárias:

1. **Perguntar** – não tenha medo de parecer ignorante. Medo maior é permanecer ignorante por vaidade.
2. **Duvidar** – questione suas certezas. As verdades absolutas são muros e não pontes.
3. **Ouvir** – escute quem pensa diferente. A verdade quase nunca está dentro da sua bolha.

O ego como obstáculo

O ego não suporta a ideia de ser "menor". Ele quer prestígio, reconhecimento, reverência.

Mas é justamente **quando o ego relaxa que o crescimento acontece**.

Ser "abaixo da média" é um ato de coragem.

É aceitar que existe uma realidade maior do que nosso repertório. É reconhecer que estamos sempre em versão beta. Em permanente estado de aprimoramento.

A empresa que se acha pronta está atrasada

O conceito de "abaixo da média" não vale só para indivíduos. Vale – e muito – para **organizações**.

Toda empresa que se acha inovadora demais, respeitada demais, consolidada demais, tende a:

- → Ignorar sinais do mercado.
- → Rejeitar novas ideias.
- → Cortar canais de escuta.
- → Repetir fórmulas antigas.

Kodak, Blockbuster, Blackberry, Nokia, Xerox.

O que essas empresas têm em comum?

Todas se acharam acima da média.

Até que a realidade as derrubou.

As empresas que vencem hoje são as que **agem como se tivessem algo a provar todos os dias**. Que entram nas reuniões com dúvidas – não com verdades. Que contratam aprendizes – e também aprendem com eles.

O antídoto é a humildade ativa

Assumir-se abaixo da média é mais do que uma postura intelectual. É uma prática de sobrevivência.

É entender que:

- A sabedoria mora na dúvida.
- O progresso começa na escuta.
- A inovação nasce da humildade.

E, acima de tudo, é reconhecer que **quem se acha pronto**... já começou a ficar obsoleto.

No mundo exponencial em que vivemos, você pode até estar acima da média, mas só continuará relevante se tiver **a coragem de assumir que ainda está longe**.

21

A vida se mede em quilômetros, não em tempo

Quanto mais você caminha, mais você vive

Vivemos em uma sociedade obcecada por tempo.

Contamos a vida em aniversários, décadas, horas trabalhadas, metas entregues no prazo. Mas e se estivermos usando a régua errada?

E se o verdadeiro valor de uma vida não estiver no tempo vivido – mas na distância percorrida?

Na intensidade das experiências, na diversidade dos encontros, na profundidade dos aprendizados.

A frase "a vida se mede em quilômetros, não em tempo" **reformula o conceito de existência significativa**.

Ela nos convida a abandonar o cronômetro – e adotar o odômetro. Porque, ao final, não importa quantos anos se passaram.

Importa onde você esteve – e quem você foi enquanto esteve lá.

A jornada é a medida

Um ano vivido em tédio e repetição **vale menos do que um mês repleto de descobertas**.

A qualidade da vida não se mede pela quantidade de velas no bolo, mas pela soma dos lugares onde você deixou parte de si – e dos lugares que deixaram algo em você.

Esses "quilômetros" de vida podem ser:

- → Uma viagem transformadora para um país desconhecido.
- → Um mergulho profundo em um livro que muda sua forma de pensar.
- → Um jantar com alguém que o desafia intelectualmente.

- Uma semana de silêncio no alto de uma montanha.
- Uma conversa inesperada no banco de trás de um Uber.

Tudo que expande seus horizontes conta.

O que não transforma, **não conta.**

A estrada pode ser de asfalto – ou de papel

Os quilômetros que medem a vida não são apenas geográficos. Você pode ter cruzado continentes sem sair do quarto.

Pode ter lido o mundo sem ter passaporte.

Cada página lida, cada autor conhecido, cada ideia nova é um quilômetro rodado.

Quando você lê Dostoiévski, percorre os becos da alma humana.

Com Harari, viaja na linha do tempo da civilização.

Com Fernando Pessoa, explora os heterônimos da própria identidade.

Com Clarice Lispector, adentra a mata densa da introspecção.

Com Graciliano Ramos, percorre a secura do sertão e da alma.

Ler, ouvir, refletir – **tudo isso é caminhar.**

E quem caminha por dentro, tanto quanto por fora, **vive mais.**

O *storytelling* nasce do caminho

Só tem ideias extraordinárias **quem vive uma vida extraordinária.**

O *storytelling* – essa arte ancestral de contar histórias – não nasce de fórmulas prontas, mas de vivências autênticas.

Quem nunca se perdeu, nunca terá uma boa história de reencontro.

Quem nunca foi surpreendido, nunca saberá narrar o imprevisto.

Quem nunca viu o mundo pelos olhos de outra cultura, **jamais contará algo verdadeiramente universal**.

A história que você conta ao mundo é a **soma dos quilômetros rodados** na realidade e na imaginação.

É por isso que as melhores narrativas vêm de quem viveu **fora da zona de conforto – e dentro de muitos contextos**.

Astronautas e endonautas

Há dois tipos de viajantes essenciais:

- **O astronauta**, que explora o mundo exterior.
- **O endonauta**, que explora o mundo interior.

Ambos acumulam "quilometragem de vida".

O primeiro atravessa oceanos e culturas. O segundo atravessa emoções, memórias, limites internos. O equilíbrio entre os dois é a verdadeira riqueza.

Viajar para fora amplia o olhar.

Viajar para dentro **refina a escuta**.

É nos contrastes entre o que descobrimos no mundo e o que descobrimos em nós que **a vida ganha densidade**.

O território da experiência, do conhecimento e do movimento

A vida plena é uma dança entre três territórios:

1. **O território da experiência**: onde acontecem os encontros, as perdas, os acasos que nos moldam.

2. **O território do conhecimento**: onde ideias antigas são derrubadas por novas descobertas, onde crescemos intelectualmente.
3. **O território do movimento**: não apenas físico, mas simbólico – o deslocar-se de uma identidade para outra, de um medo para uma coragem, de um silêncio para uma voz.

Quanto mais nos deslocamos entre esses territórios, **mais intensamente vivemos**.

Conhecer o mundo, conectar-se ao mundo

Cada cidade visitada, cada povo conhecido, cada idioma escutado **acrescenta quilômetros à alma**.

E não se trata de acúmulo turístico – mas de imersão existencial.

Comer comida de rua na Tailândia.

Tomar vinho com um estranho na Argentina.

Ouvir jazz em Nova Orleans.

Atravessar a Patagônia de ônibus.

Ou simplesmente andar a pé por bairros da sua cidade que você nunca explorou.

Cada experiência é um passo.

Cada passo, um novo parágrafo da autobiografia que você escreve com o próprio corpo.

A vida está no deslocamento

Ficar parado é morrer lentamente.

Repetir os mesmos dias, os mesmos caminhos, os mesmos pensamentos é **envelhecer sem amadurecer**.

É preciso se deslocar. Nem sempre fisicamente. Mas sempre existencialmente.

Mudança é vida.

Deslocamento é respiração.

Fronteiras internas foram feitas para serem cruzadas.

Orgulhe-se dos seus quilômetros rodados

Você não é apenas sua idade. Você é:

- Os livros que leu.
- As ideias que abandonou.
- As cidades que conheceu.
- As pessoas que amou.
- As dores que superou.
- As coragens que teve.
- As vezes em que começou de novo.

Por isso, mais do que contar os anos… **conte os quilômetros**.

E, principalmente, **planeje os próximos**.

A estrada é o destino

A metáfora da estrada não termina com um ponto final.

Ela é circular.

Porque não há linha de chegada quando se está verdadeiramente vivo.

Não conte sua vida apenas em tempo.

Conte em passagens – não aéreas, mas simbólicas.

Conte em travessias – de mapas e de emoções.

Conte em deslocamentos – de ideias, de mundos, de si mesmo. **A vida, afinal, não se mede por quanto tempo passou – mas por onde você passou enquanto o tempo corria.**

22

Não somos, apenas estamos competentes

A competência como condição transitória, não como atributo eterno

Vivemos em um mundo onde tudo é rotulado.

Fulano é competente. Beltrano é brilhante. Ciclano é limitado.

O problema é que esses rótulos ignoram uma das verdades mais importantes da vida profissional: **competência é circunstancial.**

A competência não é um título – é uma condição temporária, contextual e relacional. **Não é um "ser". É um "estar".**

Assim como não somos felizes o tempo todo, mas estamos felizes em determinados momentos, **também não somos competentes o tempo todo.**

Estamos competentes para certos desafios, contextos, culturas, estágios e demandas.

Essa distinção é fundamental, sobretudo em tempos em que o ritmo de mudança no mundo é mais acelerado do que a capacidade humana de se adaptar sem consciência.

Competência não é medalha, é encaixe

A maior parte das discussões corporativas sobre talento se baseia na pergunta: "Essa pessoa é boa?".

Mas a pergunta certa deveria ser: "Essa pessoa é boa **para o desafio que temos agora?**".

A competência só se manifesta **quando o tipo de talento encontra o tipo de necessidade certo, no tempo certo, no ambiente certo.**

Não é um troféu que você ganha para exibir o resto da vida.

É uma frequência que precisa estar **sintonizada com a fase em que você ou sua organização estão.** Em períodos de grande mudança e disrupção, isso é ainda mais verdade.

O ciclo da empresa e o ciclo do profissional

Assim como as pessoas, empresas vivem ciclos. E cada ciclo pede um estilo diferente de profissional:

1. **Fase de startup / caos criativo**
   Precisa de quem improvisa, experimenta, assume riscos. Generalistas, inconformados, com mais iniciativa do que processo.

2. **Fase de crescimento / estruturação**
   Exige capacidade de organizar, delegar, replicar. Profissionais que transformam intuição em método.

3. **Fase de consolidação / cstabilidadc**
   Pede foco em eficiência, controle, gestão de indicadores. Perfis que garantem previsibilidade e escalabilidade.

4. **Fase de turnaround / crise**
   Exige frieza, decisão, capacidade de cortar, mudar e comunicar. Profissionais resilientes, objetivos e, muitas vezes, impopulares.

5. **Fase de reinvenção / inovação**
   Demanda sensibilidade, escuta, ambiguidade, transição cultural. Líderes com repertório amplo e coragem para redesenhar o jogo.

O erro é esperar que a mesma pessoa sirva para todos os ciclos.

Ou, pior, que seja tão eficaz em um momento de criação quanto em um momento de manutenção.

Não existe competência universal. Existe competência aplicada.

Vinte anos de experiência – ou 1 ano repetido 20 vezes?

Esta é uma das mais duras verdades do mercado profissional: **tempo de serviço não equivale** a **maturidade real**.

Há quem tenha um currículo recheado – mas um repertório raso. Que trabalhou 20 anos numa empresa sem sair do mesmo ponto de vista.

Sem se expor ao novo.

Sem revisar convicções.

Sem rodar o ciclo completo da própria reinvenção.

Na verdade, essa pessoa tem 1 ano de experiência repetido 20 vezes.

Competência não é o tempo que passou, mas **o quanto você aprendeu, desaprendeu e se renovou nesse tempo**.

E o que mais exige essa renovação?

A consciência de que **você não é. Você está.**

Essa mentalidade evita a armadilha da soberba e da estagnação.

Competência é sincronicidade

Quando uma empresa contrata um profissional sem entender a fase em que ele está, pode criar um desencontro fatal.

Um líder de crescimento acelerado pode sufocar numa fase de manutenção.

Um gestor de estabilidade pode travar num momento de virada estratégica.

Um executivo de *turnaround* pode gerar pânico numa cultura de longo prazo.

O segredo da gestão de pessoas não está em identificar os "melhores" profissionais, mas os **mais sincronizados com o desafio presente**.

Isso também vale para marcas e produtos

A mesma lógica se aplica à gestão de marcas, produtos e posicionamento de mercado.

- Um produto que era perfeito há cinco anos pode ser irrelevante hoje.
- Uma marca que parecia inovadora pode soar desatualizada.
- Uma campanha que antes emocionava agora pode parecer deslocada ou insensível.

Marcas também não são. Estão.

E por isso precisam de constante escuta cultural, revisão de proposta de valor e reinterpretação de si mesmas à luz do tempo.

A maturidade de entender a própria curva

Talvez o gesto mais nobre de um líder seja perceber:

"Meu tipo de competência foi ideal para trazer a empresa até aqui. Mas talvez, para o que vem agora, outro estilo de liderança seja necessário."

Isso não é fraqueza. É grandeza.

É colocar o projeto acima do ego.

É saber sair com dignidade – ou se transformar para continuar.

Organizações saudáveis são aquelas que reconhecem **o ciclo natural das pessoas e dos projetos**.

E constroem cultura de transição, não de idolatria.

Para líderes, RHs e gestores: a pergunta que importa

A gestão de talentos precisa sair do julgamento e ir para o alinhamento. De: "Essa pessoa é boa ou ruim?" para: "Essa pessoa está no momento certo para esse tipo de desafio?".

Só assim as equipes florescem.

Só assim as contratações deixam de ser apostas cegas e viram estratégias de sincronia.

O que trouxe você até aqui pode não o levar adiante

Não é sobre negar sua trajetória.

É sobre honrá-la com movimento.

Competência é real, mas é **transitória**.

É útil, mas é **relacional**.

É preciosa, mas **precisa ser reciclada o tempo todo**.

Em vez de se perguntar "o que eu sou?", pergunte:

"Diante do que é exigido agora, **o que estou**? Em que contexto a minha competência **se manifesta com potência**? Qual ambiente, qual desafio, qual momento precisa de mim **agora**?"

Porque, no fim das contas, **ninguém é competente o tempo todo**.

O profissional que entende que **não é, mas está**:

- Ouve mais.
- Questiona mais.
- Atualiza-se com mais frequência.
- Pede ajuda sem constrangimento.
- Troca certezas por versões.

Portanto, quem se reconhece como **"estando" competente**, tem mais chance de continuar **relevante**, **lúcido e preparado para os próximos ciclos**.

23

Já pensou que tipo de livro é a sua vida?

A vida como narrativa – e você como autor (ou personagem?) da sua própria história

Todos nós vivemos histórias.

Mas poucos percebem que **também somos o livro**.

Não só escrevemos capítulos – nós os *somos*.

Nossa trajetória é uma obra em permanente construção, feita de páginas viradas, personagens que entram e saem, e estilos que mudam com o tempo.

A pergunta essencial não é apenas *o que você vive*, mas **como sua vida é contada**.

Em outras palavras: que tipo de livro é a sua vida?

A vida como livro de contos

Algumas pessoas têm uma vida feita de capítulos soltos.

São como **livros de contos** – curtos, intensos, independentes.

Cada fase traz um enredo novo, personagens diferentes, cenários inesperados.

Nada precisa se conectar ao que veio antes.

É possível mudar de cidade, carreira, amores, identidade, estilo de vida – sem olhar para trás.

O passado fica onde ficou: em outro conto.

Essas vidas são feitas de **renascimentos**.

De gente que muda radicalmente a cada 5 anos.

Que morre e renasce de si mesmo diversas vezes.

É o executivo que se torna professor de ioga.

A advogada que abandona tudo e vai abrir um hostel em Bali.

O artista que vira agricultor.

São pessoas que vivem a vida como se estivessem **navegando por histórias distintas**, mas com um mesmo narrador inquieto.

A beleza dessa vida está na **liberdade narrativa**.

A dificuldade? A ausência de continuidade, de raízes, de uma linha clara de evolução.

A vida como saga

Outras pessoas têm vidas que se assemelham a **sagas**.

Narrativas longas, densas, contínuas.

Os mesmos personagens caminham com elas por décadas.

As tramas vão se aprofundando.

Os conflitos vão amadurecendo.

É o amigo de infância que vira sócio.

O amor da juventude que vira casamento.

O bairro onde nasceu e onde ainda vive.

O ofício que começou por curiosidade e virou vocação.

Essas pessoas constroem **coerência biográfica**.

Cada capítulo faz sentido dentro de uma linha narrativa maior.

As mudanças existem, mas são **evolutivas**, não disruptivas.

Essa vida é sólida, simbiótica, acumulativa.

Ela carrega peso emocional, legados, continuidade.

A beleza? A construção de algo duradouro.

O desafio? A falta de ruptura, a dificuldade de reinventar-se.

A vida como romance de aventuras

Há ainda os que vivem como em um **romance de aventuras**. A história é cheia de reviravoltas.

Personagens saem da narrativa – e, anos depois, retornam.

O cenário muda constantemente.

Mas, de alguma forma, tudo **se entrelaça no final**.

Uma vida cheia de **voltas inesperadas**.

Encontros que pareciam perdidos reaparecem.

Experiências aparentemente isoladas que, lá na frente, fazem todo sentido.

É a amiga do colégio que, vinte anos depois, se torna parceira de negócios.

É aquele emprego odiado que fornece a habilidade exata para o projeto dos sonhos.

É a cidade na qual você achava que nunca voltaria – e onde tudo recomeça.

São pessoas que vivem na lógica do "tudo se conecta".

E muitas vezes percebem, com espanto, que **a vida tem mais roteiro do que imaginavam**.

A beleza? A profundidade do entrelaçamento.

O risco? A ilusão de que tudo precisa de um sentido imediato – quando, às vezes, o sentido só vem no epílogo.

A estrutura do seu enredo

É possível pensar a vida como uma obra com:

- **Prólogo** – a infância, os cenários fundantes, os personagens de origem.
- **Primeiro ato** – as primeiras escolhas conscientes.
- **Ponto de virada** – uma grande ruptura, interna ou externa.
- **Conflito central** – aquilo que nos desafia por dentro e por fora.

- **Clímax** – quando tudo converge e exige de nós ação.
- **Desfecho (temporário)** – o que construímos com tudo isso.
- **Epílogo (ou recomeço)** – a reinvenção ou o legado.

E tudo isso pode acontecer **várias vezes ao longo da vida**.

Ou só uma.

Depende de você – e da história que decidiu escrever.

A pergunta incômoda: esse é o livro que você gostaria de viver?

Essa é a pergunta que pode mudar tudo.

A história que você vive é **a história que escreveria para si?**

Se a resposta for "sim", continue escrevendo com o mesmo ímpeto.

Se for "não", talvez esteja na hora de virar a página – ou mudar de gênero narrativo.

Você pode estar no meio de um conto... e decidir que quer uma saga.

Ou estar preso numa saga que já perdeu o fôlego... e perceber que está pronto para um conto breve, mas transformador.

Você pode incluir um personagem novo.

Despedir-se de um antigo.

Mudar o cenário.

Trocar o narrador.

Você não é o que viveu até agora.

Você é o que ainda pode escrever.

Sugestão: leia para viver melhor

Grandes leitores são, em geral, grandes autores de si mesmos.

Porque os livros nos ensinam que toda história pode ser recontada.

Toda narrativa pode ser ressignificada.

E que **ninguém precisa morrer na primeira versão de sua biografia**.

Ler é experimentar estruturas, ritmos, pontos de vista.

E viver – bem viver – é fazer isso com a própria trajetória.

Seja autor e leitor da sua própria vida

A vida é, ao mesmo tempo, livro e leitura.

Você escreve – mas também interpreta.

Você cria – mas também é criado pelas escolhas que faz.

Então, olhe para sua história como quem abre um livro nas mãos.

Folheie com carinho, mas com senso crítico.

Valorize as páginas escritas, mas não tenha medo de reescrever os próximos capítulos.

A pergunta permanece, como uma provocação literária e existencial:

Que tipo de livro é a sua vida?

E, talvez o mais importante, é o livro que você escolheria viver?

24

Os verdadeiros objetivos são para agora, não para depois

Desejo real não espera. Ele se move no presente

"Um dia vou aprender francês."

"Quando sobrar tempo, começo a treinar."

"Mais para a frente, quero empreender."

"Assim que der, vou escrever meu livro."

Quantas dessas frases você já disse ou ouviu?

Quantas delas se realizaram?

Poucas ou nenhuma.

É por isso que a frase **"Os verdadeiros objetivos são para agora, não para depois"** é tão disruptiva.

Ela desmonta a ilusão da intenção e expõe a verdade do impulso: **o que é real, começa. O que é invenção, espera.**

O presente é real. O futuro, não

O neurocientista David Eagleman explica que o cérebro humano **lida com o futuro como uma simulação**, não como um espaço concreto.

O que você projeta para "depois" é uma fantasia – com baixa taxa de comprometimento emocional.

O que você decide para agora **acende o córtex pré-frontal e ativa as áreas ligadas à ação.**

O futuro **não é lugar de execução.**

É o esconderijo perfeito para os desejos que você finge ter.

O presente, por outro lado, é **o território onde algo acontece. Ou não acontece.**

Por isso, o verdadeiro objetivo é aquele que **não cabe no depois.**

Ele exige agora. Pulsa agora. Incomoda agora.

Intenção sem ação é autoengano

Dizer "vou fazer" é muito confortável.

Parece progresso – mas é inércia disfarçada.

A frase "um dia vou..." é uma espécie de anestésico moral. Ela tranquiliza sua consciência enquanto você **não se move**.

Por isso, a melhor forma de testar a autenticidade de um objetivo é simples:

- → Você consegue começar amanhã?
- → Você precisa começar amanhã?
- → Você quer começar amanhã?

Se a resposta for **não**, talvez você esteja apenas criando uma narrativa para parecer em movimento, enquanto se mantém parado.

Objetivos verdadeiros mexem com o corpo

Desejo real **mexe com a respiração**.

Acelera o ritmo interno.

Altera o tônus muscular.

Muda o olhar.

Produz aquele brilho silencioso que os olhos não conseguem esconder.

Por isso, como líder, gestor ou mentor, **não pergunte apenas o que alguém quer**.

Observe **como o corpo dessa pessoa reage ao falar sobre aquilo**.

Se os olhos baixam, a voz hesita e a fala se enche de "mas" e "quando", esqueça.

Não é desejo. É desculpa.

Mas se a voz vibra, se o discurso ganha urgência, se a pessoa "começa a se mexer na cadeira" enquanto fala...

Ali há objetivo verdadeiro.

E o próximo passo é tirar tudo do plano verbal e **colocar no chão – em forma de ação**.

Transforme intenção em ação

Toda meta que vale a pena começa com uma primeira ação real – concreta, agendada, tangível.

Exemplos:

- Em vez de "vou aprender italiano", diga: "já agendei a primeira aula de italiano para amanhã às 19h".
- Em vez de "vou começar a correr", diga: "estou com o tênis na porta e o despertador programado para as 6h".
- Em vez de "vou empreender", diga: "enviei hoje os primeiros e-mails para validar minha ideia com potenciais clientes".

A ação define a intenção.

Sem ação, não existe intenção – existe delírio.

Além de uma *to do list*, tenha uma *not to do list*

Todos adoramos listas de tarefas. Mas poucas pessoas constroem **listas de restrição**.

A famosa *not to do list* é um instrumento de clareza brutal. Nela, você escreve:

- Tudo aquilo que você finge que quer fazer, mas, no fundo, não quer.
- Tudo aquilo que você faz só por expectativa externa.
- Tudo aquilo que atrasa seus objetivos reais.
- Tudo aquilo que serve apenas para você parecer ocupado.

Eliminar desejos falsos é o primeiro passo para dar espaço aos verdadeiros.

E isso exige coragem: reconhecer que *não vai aprender alemão*, *não vai terminar aquele curso*, *não vai ser palestrante motivacional.*

E tudo bem. Essa honestidade é libertadora.

Além disso: o que você odeia não fazer?

Um dos sinais mais potentes de desejo real **não é aquilo que você ama fazer**.

É aquilo que **dói em você** não fazer.

Tem coisas que, se forem deixadas de lado, viram culpa. Falta. Saudade. Angústia.

- A música que você não compõe.
- A viagem que sempre adia.

- O livro que nunca escreve.
- O projeto que jamais começa.
- A conversa que não tem coragem de ter.

Não fazer certas coisas pode adoecê-lo, torná-lo pálido, afastá-lo de quem você pode ser.

Por isso, tão importante quanto uma lista de afazeres é uma lista do tipo: "**O que me dói não fazer?**".

E, então, encontrar um jeito de fazer.

Mesmo que de forma imperfeita.

Mesmo que devagar.

Mas **fazer**.

Liderança: identificar o que excita, e não só o que promete

Se você lidera uma equipe, aplique os seguintes critérios:

- Observe **quais objetivos fazem a equipe alterar a respiração**.
- Quais temas produzem conversa espontânea, ideias em cascata, olhos brilhando.

Não aceite objetivos frios, distantes, genéricos.

Eles são fáceis de escrever em PowerPoint, mas **difíceis de realizar na vida**.

Se alguém trouxer um objetivo para "daqui a três anos", pergunte: "O que você já pode começar amanhã?". E se a pessoa se retrair, desconversar ou hesitar, você descobriu algo importante: **não é um objetivo real**. É uma desculpa refinada para continuar exatamente onde está.

Desejo sem ação, vira ilusão

O que você quer – de verdade – **já deveria ter começado**.

Não há desejo verdadeiro sem desconforto.

Não há meta autêntica que não grite por urgência.

Por isso, revise sua lista de intenções.

Converta promessas em compromissos.

Transforme ideias em datas.

E aprenda a dizer não para tudo aquilo que **não possa acontecer agora**.

Porque os verdadeiros objetivos não podem esperar.

Eles invadem o presente.

Eles o encontram.

Eles não o deixam dormir.

E você sabe, no fundo, quais são eles.

25

Divida seus planos, jamais suas ambições

O silêncio como estratégia de realização

Vivemos em um tempo em que tudo é compartilhado: objetivos, sonhos, metas, desejos, resoluções de ano-novo, marcos, *hashtags* de progresso.

Mas há uma sabedoria antiga – e cada vez mais validada pela ciência – que nos convida à reserva:

Divida seus planos, jamais suas ambições.

O motivo?

Quando falamos demais sobre o que ainda vamos fazer, nosso cérebro pode nos sabotar.

E nos fazer acreditar que já fizemos.

O estudo de W. Mahler (1933) – e seus ecos modernos

O psicólogo W. Mahler conduziu experimentos desde a década de 1930 que mostraram um padrão surpreendente:

Pessoas que falam sobre suas grandes ambições, tendem a realizar menos.

A explicação é cerebral e emocional:

- → Ao compartilhar um objetivo grandioso, **você recebe aprovação, entusiasmo e reconhecimento antecipado.**
- → Esse reconhecimento já **satisfaz parcialmente** a necessidade psicológica de conquista.
- → Seu cérebro interpreta que **parte do desejo já foi cumprido – socialmente.**
- → Com isso, **a urgência de agir diminui.**

Em outras palavras:

Anunciar realizações futuras libera dopamina – e rouba a força de vontade que seria usada para realizá-las de verdade.

Quando o discurso substitui o esforço

Isso explica por que tanta gente fala que vai escrever um livro – e nunca escreve. Por que tantas pessoas se empolgam em começar um novo hábito – mas não sustentam. E por que tanta "resolução de ano-novo" morre antes do fim do primeiro trimestre.

O discurso se torna **um substituto emocional da ação.**

Uma simulação de conquista.

Um "ensaio performático" que entrega prazer – **mas rouba energia de execução.**

E quanto maior for a ambição anunciada, **maior o risco da paralisia.**

Ambição é combustível interno – não aplauso externo

A ambição verdadeira é aquela que **incomoda o silêncio.**

Que lateja no fundo do peito. Que pede execução, não explicação. Que só se acalma quando vira realidade.

Se você compartilha demais, ela se torna externa:

- → Quer agradar os outros.
- → Quer parecer interessante.
- → Quer aprovação antes da entrega.

Mas ambição não é para ser exibida – é para **fermentar em silêncio**.

É ela que gera movimento interno.

E o silêncio mantém esse movimento vivo.

Divida planos, sim – mas com estratégia

Isso não significa que devemos agir de forma isolada ou solitária.

Pelo contrário: planos táticos, estruturais, mensuráveis **devem ser compartilhados**.

Como líder:

- → Divida **os caminhos**, mas proteja **os destinos**.
- → Compartilhe **planos de ação**, mas guarde para si **a grande visão**.

Isso não é arrogância – é preservação energética. Se você disser tudo cedo demais, pode criar:

- → Expectativas exageradas.
- → Pressão desnecessária.
- → Dissipação da energia criadora.

O melhor líder é aquele que compartilha **direções claras**, mas **mantém viva a faísca interna** que o move além do óbvio.

O impacto prático no seu dia a dia

Como aplicar isso na prática?

Aqui vão cinco estratégias simples:

1. **Crie uma lista privada de ambições silenciosas**
→ Não publique, não compartilhe, não anuncie.
→ Releia todo dia.

2. **Se precisar falar, fale em termos de progresso – não de intenção**
→ Em vez de dizer "vou lançar um curso", diga "estou estruturando um curso e já testei parte do conteúdo".

3. **Use rituais pessoais para nutrir a ambição**
→ Um caderno, um mural, uma frase escrita na carteira.
→ O importante é manter a ambição pulsando – mas sem a expor.

4. **Compartilhe planos com quem executa com você – não com quem apenas comenta**
→ Tenha aliados, não plateia.

5. **Observe como o discurso rouba a urgência**
→ Repare como, depois de contar algo com entusiasmo, você muitas vezes sente menos vontade de executá-lo.

Essa autoconsciência é o primeiro passo para resgatar o poder do desejo.

A armadilha da validação precoce

Existe um fenômeno ainda mais perigoso do que a perda de motivação: **a adição à validação antecipada**.

Ao anunciar seus planos, você pode ser elogiado por algo que nem **sequer começou**.

E isso vicia. Cria uma versão social de si mesmo que parece proativa – mas que só existe na retórica.

Você se torna "aquela pessoa cheia de ideias incríveis" – mas que não entrega nada.

E o pior: **acredita nessa versão**.

Grandes realizadores entendem o silêncio como disciplina

Veja o padrão entre realizadores de alto impacto:

- Steve Jobs não anunciava um novo produto até tê-lo pronto.
- Escritores não falam sobre seus livros enquanto estão escrevendo.
- Artistas evitam falar de suas obras – até que estejam prontas para o mundo.

Eles sabem que o trabalho precisa de mistério.

De proteção.

De incubação silenciosa.

De energia canalizada – não dispersa.

O silêncio das grandes ideias

Grandes ambições não precisam ser gritadas. Elas **gritam por si só, dentro de você**.

Por isso:

- **Divida seus planos**.
- Busque aliados para o caminho.
- Compartilhe estratégias, etapas, entregas.

Mas **guarde suas grandes ambições**.
Mantenha-as incômodas.
Mantenha-as famintas.
Mantenha-as suas.

Porque só assim, quando elas forem realizadas, o mundo vai perceber e você vai saber: **foi a ação, não o anúncio, que escreveu a história**.

26

Organizações também têm sistema imunológico, e às vezes ele ataca o próprio futuro

Por que resistimos tanto à mudança – individual e coletivamente?

Pessoas resistem à mudança.

Empresas também.

Pessoas preferem segurança à evolução.

Empresas também.

Pessoas criam narrativas para justificar a imobilidade.

Empresas também.

A frase "há uma semelhança preocupante entre pessoas e empresas" não é uma analogia poética – é uma constatação organizacional e antropológica.

Empresas se comportam como organismos humanos.

E, como tais, priorizam a autopreservação – mesmo quando isso significa condenar o futuro.

A lógica da defesa: menos gasto, mais controle

Richard Crespin, da CollaborateUp, afirma que empresas, assim como pessoas, **operam no modo defensivo**.

Elas se organizam para se proteger de qualquer estímulo externo **com o menor gasto de energia possível**.

Isso é explicável.

Do ponto de vista da biologia e da neurociência, organismos vivos tendem a:

- **Evitar dor ou risco**, mesmo que isso signifique sacrificar crescimento.

- **Economizar energia** em nome da sobrevivência imediata.
- **Rejeitar estímulos desconhecidos**, pois o cérebro interpreta novidade como ameaça – até que se prove o contrário.

Empresas fazem o mesmo. Criam um sistema de **anticorpos organizacionais** para barrar ideias, romper tentativas de inovação e desacelerar qualquer transformação cultural que pareça desestabilizadora.

Empresas não temem a mudança – temem a perda

O que paralisa uma empresa **não é a mudança em si**.

É o que ela representa em termos de perda:

- Perda de status hierárquico.
- Perda de narrativas consolidadas.
- Perda de controle sobre processos.
- Perda de segurança orçamentária.
- Perda de zonas de conforto afetivo ou político.

Essa dinâmica explica por que tantas empresas premiam pessoas "mais preocupadas em salvar o próprio assento do que o patrimônio" – como bem satiriza o mercado americano com a expressão *"more concerned with protecting asses than assets"*.

É o exército da estabilidade.

Que prefere manter tudo como está, mesmo vendo a competitividade esvair-se dia após dia.

Mesmo sabendo, intuitivamente, que **a ausência de dor presente está gerando a dor futura**.

Funcionários que matam a mudança

Há um paradoxo trágico no comportamento corporativo:

- Um vírus, ao invadir um organismo, altera suas condições – e pode matá-lo.
- Um funcionário resistente faz o contrário: **impede que as condições mudem** para continuar usufruindo do sistema tal como está.

No curto prazo, esse comportamento parece garantir estabilidade. Mas, no longo prazo, é **a sentença de morte da organização**.

Porque, em um mundo em permanente mutação, **imobilidade** é sinônimo de **obsolescência**.

O sistema imunológico das ideias

Organizações desenvolvem, com o tempo, **sistemas imunológicos culturais**. São narrativas, processos, estruturas e lideranças que reagem a qualquer ideia nova como se fosse um corpo estranho.

E esse sistema é tão eficaz que, às vezes, produz fenômenos **autoimunes**: a organização ataca a si mesma, acreditando estar se defendendo de uma ameaça externa.

Esse comportamento é devastador:

- Iniciativas de inovação são sabotadas internamente.
- Lideranças transformadoras são isoladas ou removidas.
- Novos talentos são desestimulados a pensar diferente.

- → Propostas de ruptura são ridicularizadas.

A defesa se torna autodestruição.

O sistema se torna tão eficiente em bloquear o novo que **se condena a permanecer irrelevante.**

Empresas morrem em silêncio – fazendo tudo "certo"

Empresas raramente quebram por cometer grandes erros.

A maioria delas **entra em decadência fazendo as coisas certas – por tempo demais.**

É o paradoxo da excelência operacional.

Você se torna tão bom em repetir o passado que perde a capacidade **de imaginar o futuro.**

E, assim:

- → Grupos editoriais não percebem o digital.
- → Lojas físicas não percebem o *e-commerce*.
- → Agências não percebem o algoritmo.
- → Marcas não percebem o esvaziamento simbólico.
- → Profissionais não percebem o fim da relevância.

Quando acordam, o mundo mudou – e elas não foram convidadas para o novo capítulo.

Os sinais de alerta da doença corporativa

A seguir, alguns sintomas clássicos de que a empresa está adoecida por seu sistema imunológico:

1. O medo de errar supera o desejo de inovar.
2. Lideranças repetem mantras como "sempre fizemos assim".
3. Pessoas proativas são vistas como "problemáticas".
4. Processos são mais importantes que resultados.
5. Reuniões viram arenas de justificativa e não de criação.
6. A frase "vamos esperar a crise passar" é um mantra informal.

Esses são sinais de que a empresa **está organizando sua sobrevivência – mas matando sua evolução**.

Como romper essa lógica?

O antídoto para essa doença organizacional exige quatro passos conscientes:

1. **Reconhecer que a mudança é fisiológica, não estratégica**

→ Mudança não é "opção de mercado" – é condição de vida em ecossistemas abertos.

2. **Aceitar que perder faz parte do processo**

→ Não há inovação sem perda de controle, status, certeza. E isso é bom. Porque, **sem perda, não há espaço para ganho**.

3. **Substituir proteção por criação**

→ Parar de proteger o modelo atual e começar a construir o próximo.

4. **Valorizar quem questiona e não quem preserva**

→ Empresas saudáveis são aquelas que **premiam a dúvida mais do que a obediência.**

Sobreviver hoje é aprender a morrer um pouco todo dia

Toda empresa que quer continuar viva **precisa aceitar pequenas mortes diárias**.

De ideias, processos, certezas, zonas de conforto.

A empresa que sobrevive é a que permite que sua cultura morra e renasça continuamente.

A que entende que o novo é desconfortável – mas o velho é terminal.

A que assume que segurança é só o nome que damos àquilo que está parado tempo demais. Porque, no final das contas:

Empresas não morrem por mudar. Morrem por não conseguir mudar, enquanto ainda estavam vivas.

27

Mudança é o único estado permanente

Por que precisamos mudar a maneira como gerimos a mudança

Por décadas, as empresas trataram a mudança como se fosse um evento.

Um projeto com começo, meio e fim.

Com orçamento, cronograma, comitê e indicadores.

Como se a transformação pudesse ser planejada, executada e arquivada. Essa abordagem **não funciona mais**.

Não porque as empresas estejam erradas ao buscar a transformação.

Mas porque a forma como pensam e conduzem a mudança está ultrapassada.

Vivemos em um tempo em que **a única estabilidade possível é o movimento**.

Por isso, é hora de reformular tudo.

Não se trata de gerir a mudança. Trata-se de mudar a gestão da mudança.

Do GPS para o Waze: a nova metáfora da liderança

Durante muito tempo, liderar uma organização era como usar um GPS:

- Sabíamos de onde partíamos.
- Definíamos o destino com clareza.
- Planejávamos o melhor trajeto.
- E seguíamos o plano, corrigindo pequenas rotas.

Era previsível. Era estável. Era confortável. Hoje, liderar é como dirigir com o **Waze**:

- Sabemos o destino, **mas o trajeto muda o tempo todo**.
- Há congestionamentos imprevistos, rotas alternativas, acidentes no caminho.
- E o valor maior **não está no plano original, mas na capacidade de reagir**.

O líder do futuro **não é um executor de mapas. É um ajustador de rotas**.

É alguém que sabe manter o leme, mesmo quando o mar muda de humor.

Por que os planos de mudança fracassam?

Pesquisas globais indicam que entre **70% e 80% dos projetos de mudança organizacional falham**.

Não por falta de diagnóstico. Não por ausência de ferramentas. Mas porque o paradigma está errado. O erro é pensar a mudança como:

- Algo separado do dia a dia.
- Algo que pode ser "planejado" em ciclos longos.
- Algo que exige compreensão total antes de ser executado.

Esse modelo **ignora a realidade pós-digital**, na qual:

- Os ciclos são mais curtos.
- O mercado é imprevisível.
- O consumidor muda mais rápido que o planejamento.
- E a tecnologia reinventa tudo antes que você consiga implementar a última versão do plano.

O erro não está na vontade de mudar.

Está em **tentar controlar algo que já não é mais controlável**.

O falso conforto dos planos de 5 anos

No passado, **planos estratégicos de 3 a 5 anos** eram o padrão-ouro. Hoje, muitas empresas ainda os elaboram – por hábito.

Mas a verdade é que:

- → Quando você termina o plano, o contexto já mudou.
- → Quando você começa a executar, o consumidor já migrou.
- → Quando você faz a análise SWOT, o mundo já girou.

O tempo corporativo precisa acelerar – ou será deixado para trás.

Líderes precisam abandonar a ilusão de linearidade.

E começar a pensar em termos de **"agilidade estrutural"**.

Do projeto ao fluxo: a mudança como modo operacional

A grande virada de chave é entender que:

Mudança não é um projeto. Mudança é uma operação contínua. Assim como empresas já adotaram a ideia de *upgrade* permanente para produtos, também precisam adotar a evolução permanente para cultura, estratégia e modelo de negócio.

Isso exige:

- → **Ciclos curtos de revisão** de estratégia.
- → **Testes reais em mercado**, não em laboratório.

- **Alinhamento cultural constante**, não *workshops* anuais.
- **Times fluidos e colaborativos**, não organogramas fixos.
- **Capacidade de desapego**, não orgulho da tradição. O que antes era estável, agora é versão beta.

Tudo – pessoas, processos, propostas – **deve estar em estado de prototipagem constante**.

Pendência x tendência: a nova divisão do tempo executivo

No mundo corporativo, uma das maiores causas da estagnação é a **tirania das pendências**.

Tarefas urgentes. Reuniões operacionais. Demandas imediatas. KPIs de ontem. Tudo isso sufoca o pensamento estratégico.

É por isso que líderes precisam reaprender a **dividir seu foco entre pendência e tendência**.

- **Pendência** mantém a empresa funcionando.
- **Tendência** prepara a empresa para continuar funcionando.

A maioria dos líderes **fica presa demais às pendências** – e se esquece das tendências. Mas ignorar o futuro é condenar o presente à irrelevância.

Cultura da efemeridade evolutiva

Mais do que processos, é preciso criar cultura.

Uma cultura na qual:

- Mudar não é exceção – é o normal.
- Aprender é mais valorizado do que prever.
- Desapegar é mais importante do que controlar.
- Adaptar-se rápido vale mais do que acertar sempre.

Não explique demais.

Não espere compreensão total.

Crie um ambiente em que **a mudança seja o ar que se respira**.

A metáfora do navio: por que nem todos percebem a mudança ao mesmo tempo

Mudar uma organização é como **manobrar um navio em alto-mar**.

- **Na proa**, o novo rumo já é visível.
- **No centro**, a mudança começa a ser percebida.
- **Na popa**, tudo parece igual – por um tempo.

Por isso, **não espere que todos entendam o movimento ao mesmo tempo**.

O líder precisa **aceitar o descompasso da percepção** – e seguir, mesmo sem unanimidade.

O engajamento vem antes da compreensão total.

E a confiança vem do ritmo, não da explicação.

Não gerencie a mudança – encarne a mudança

Chegamos ao ponto crucial.

A grande virada não está em como você *gerencia* a mudança. Está em como você **se transforma em um agente da mudança**.

O líder do futuro:

- Toma decisões mais rápido.
- Assume erros com mais naturalidade.
- Muda de ideia sem perder a autoridade.
- Cria times mais leves, adaptáveis e autônomos.
- Entende que não há mais "antes e depois da mudança" – **só há mudança**.

Porque, no fim das contas, **a mudança não é mais um estágio. A mudança é o sistema operacional.**

28

Mulheres são digitais, homens são analógicos

Por que o arquétipo feminino precisa liderar a economia da abundância

Durante séculos, fomos treinados para acreditar que as qualidades associadas à masculinidade eram as que moviam o mundo.

Força, foco, comando, racionalidade, velocidade, territorialidade – essas virtudes dominaram o imaginário econômico desde a Revolução Industrial.

E, de fato, **num mundo de escassez, competição e hierarquia**, elas faziam sentido. Mas o mundo mudou. E as virtudes exigidas também.

Hoje, em plena era da abundância, das redes, da descentralização e da colaboração, **a lógica mudou**.

E, com ela, **mudaram os protagonistas**.

A nova economia exige algo diferente:

- → Sensibilidade.
- → Colaboração.
- → Empatia.
- → Multitarefa.
- → Comunicação horizontal.
- → Construção coletiva.

E é por isso que podemos dizer: **mulheres são digitais; homens são analógicos**.

A explicação está no cérebro... e na história evolutiva

Não se trata de biologismo, mas de **biocomportamento com base evolutiva**.

Durante o período em que o cérebro humano mais se desenvolveu, os papéis sociais entre homens e mulheres eram muito definidos – e funcionais para a sobrevivência.

- → **Homens caçavam e pescavam**. Precisavam de visão à distância, foco único, silêncio e ação estratégica.
- → **Mulheres cuidavam da moradia, da prole e da comunidade**. Precisavam de visão periférica, atenção difusa, comunicação verbal intensa e capacidade multitarefa.

Esses padrões moldaram **formas distintas de atenção, reação ao perigo e percepção de espaço, tempo e relação**.

Homens desenvolveram o *fight or flight* – lutar ou fugir.

Mulheres desenvolveram o *tend and befriend* – cuidar e se conectar.

Ambos eficazes. Ambos necessários. Mas **com aplicações muito diferentes**.

E o que isso tem a ver com o mundo digital?

Tudo.

A economia industrial foi moldada segundo os princípios do *fight or flight*:

- Concorrência agressiva.
- Estruturas hierárquicas.
- Comando e controle.
- Escassez como motor de crescimento.
- Monólogo corporativo, autoritário e vertical.

É uma economia com lógica masculina.

A escassez exige disputa. A disputa exige poder. O poder exige controle.

Mas a economia digital é outra coisa:

- Informações abundantes e compartilhadas.
- Plataformas descentralizadas.
- Processos colaborativos.
- Inteligência distribuída.
- Construção conjunta de valor.

Essa economia é orgânica, fluida, adaptativa.

E, portanto, muito mais compatível com o arquétipo feminino.

O arquétipo feminino como força organizadora do futuro

É importante frisar: estamos falando de arquétipo feminino – e não apenas de mulheres biológicas.

Assim como muitas mulheres incorporaram o arquétipo masculino na economia industrial, muitos homens hoje podem – e precisam – desenvolver o arquétipo feminino.

Trata-se de um reposicionamento mental, cultural, simbólico e emocional.

O arquétipo feminino inclui:

- A capacidade de gerar vínculos.
- A valorização do cuidado e da escuta.
- A atenção difusa (em vez de foco estreito).
- A abertura ao outro.
- A mediação em vez do confronto.
- A construção conjunta em vez da conquista solitária.

Num mundo em rede, **quem vence é quem conecta** – não quem impõe.

O problema da liderança masculina em tempos de abundância

Se a economia atual é de abundância e colaboração, por que ela ainda é regida por homens?

A resposta é simples – e preocupante.

Homens, ao manterem o controle, precisam simular escassez para justificar sua lógica de poder.

E isso distorce a realidade, freia a inovação e reprime o potencial colaborativo.

Empresas que ainda operam com foco em dominação, ego, competição interna e silos operacionais **estão forjando ambientes de escassez artificial**.

Elas se organizam para resistir à colaboração. E, ao fazer isso, **sabem que estão cavando sua própria irrelevância**.

O que muda quando o arquétipo feminino assume a condução?

Muda tudo.

Nas empresas lideradas por esse novo paradigma:

- A escuta ativa é um ativo estratégico.
- O cuidado com pessoas não é *soft skill* – é inteligência de longo prazo.
- A gestão é horizontal, empática e distribuída.
- Os fluxos são adaptativos, não fixos.
- A comunicação é viva, aberta e humanizada.
- A liderança é coletiva, orgânica, fluida.

Essas empresas **não lutam contra a mudança – elas dançam com ela**.

E por isso inovam mais, atraem mais talentos, constroem culturas mais sustentáveis e impactam mais positivamente o ecossistema à sua volta.

A era do coração

No passado, a força era física.

Depois, foi cognitiva.

Agora, **será emocional**.

- Os músculos nos tornaram operários.
- O cérebro nos tornou estrategistas.
- O coração nos tornará conectores.

E o arquétipo feminino sempre esteve à frente nesse aspecto.

Por isso, é ele que está sendo chamado a protagonizar. **Se antes o que prevalecia era a *hard skill*, e atualmente é a *soft skill*, muito em breve será a *heart skill*.**

A inteligência emocional, a empatia, o cuidado, a generosidade – são os superpoderes da próxima década.

O que acontece se resistirmos?

Se o mundo continuar sendo conduzido pelo arquétipo masculino da escassez, da competição e da hierarquia, corremos dois riscos enormes:

1. **Artificialização dos relacionamentos humanos**
   A tecnologia será usada como escudo, não como elo.
   A inteligência artificial substituirá o que é mecânico – **mas não preencherá o que é humano.**

2. **Cataclismo social e emocional**
   Empresas virarão máquinas de performance vazia. Lideranças adoecerão. Pessoas buscarão sentido – e não encontrarão. Clientes se afastarão. Marcas perderão a alma.

E tudo isso porque **o velho modelo de poder masculino não sabe lidar com a abundância.**

Então tenta recriar escassez, como quem insiste em mapas de um território que já mudou.

O futuro tem voz feminina

Se a nova economia é digital, ela é feminina.

Porque exige:

- Flexibilidade.
- Conexão.
- Empatia.
- Multitarefa.
- Horizontalidade.
- Cuidado.

Todas essas são qualidades historicamente associadas às mulheres – e agora reconhecidas como essenciais para o mundo dos ecossistemas, das redes, da inteligência coletiva.

Por isso, podemos afirmar sem receio:

Mulheres são digitais. Homens são analógicos.

E é ao arquétipo feminino que o futuro pertence.

Não se trata de exclusão, mas de integração.

Não é uma guerra de gêneros – é a **construção de um novo código de liderança.**

Um código em que a colaboração vale mais do que a competição.

O diálogo vale mais do que o grito.

E o outro deixa de ser ameaça para se tornar parte.

29

Daqui para a frente, precisamos esculpir a nós mesmos

Capital intelectual e relações corporativas na era da autonomia

Durante décadas, o modelo de carreira foi construído sobre dois pilares:

- A promessa de estabilidade da empresa.
- A fidelidade do empregado.

Era uma relação vertical, paternalista, quase familiar.

Um oferece segurança; o outro oferece lealdade.

Mas esse pacto ruiu.

Na nova economia, marcada por mudanças constantes, fusões, aquisições, pivôs estratégicos e disrupções tecnológicas, **a estabilidade virou exceção – e a adaptação, regra**.

Agora, mais do que nunca, precisamos assumir a responsabilidade por aquilo que realmente nos pertence: **nosso capital intelectual**.

O que é capital intelectual?

Capital intelectual é o **conhecimento acumulado com valor de troca profissional**.

É a soma de tudo aquilo que você sabe, pode fazer, consegue aplicar, traduzir em solução, e que será **emprestado ao mercado em troca de valor**.

Diferente do capital financeiro, o capital intelectual:

- Não pode ser herdado.
- Não é transferível.

- Não se protege com seguros.
- Mas também não é taxado, nem corroído por inflação.

Ou melhor, é, sim, corroído – **pela obsolescência**.

Por isso, precisa ser atualizado constantemente.

A lógica do *lifelong learning*

Num mundo em que o conhecimento tem meia-vida cada vez menor, **quem não se atualiza, se apaga**.

Conhecimento técnico, comportamental, estratégico, digital, emocional – tudo precisa de *upgrade* constante. Essa é a lógica do *lifelong learning*:

Aprender não é mais uma etapa. É uma postura. Não é o que você estudou. É o que você está estudando.

E o mais importante: **não é responsabilidade da empresa**. É responsabilidade **sua**.

O botão do saber: acesso nunca foi tão fácil

Antigamente, conhecimento era caro, escasso e distante. Hoje, está a **um clique**.

Temos:

- Cursos online de universidades de elite.
- Plataformas de especialização por assinatura.
- Mentorias em tempo real.
- *Podcasts* técnicos.
- Livros, artigos, vídeos, fóruns.

Quem não aprende hoje, não é por falta de acesso – é por falta de intenção.

O novo profissional é aquele que cultiva:

- Curiosidade constante.
- Interesse genuíno.
- Imaginação aplicada.
- Autonomia no aprendizado.

Essas são as novas moedas do capital intelectual.

Emprestar, não prestar: a nova relação com as empresas

Se o capital intelectual é o que eu tenho de mais valioso, a relação com as empresas muda completamente.

Não **presto serviços** – **empresto meu capital intelectual**.

A empresa, por sua vez, **me remunera esse capital**, como um banco:

- Salário: o juro básico do meu investimento.
- Bônus: o prêmio pela performance.
- Ambiente criativo: o incentivo à inovação.
- Reconhecimento: a valorização simbólica.
- Desafios significativos: o retorno em aprendizado.

Essa lógica transforma a relação vertical (empresa manda, colaborador executa) em uma relação horizontal (investidor × parceiro estratégico).

Carreira? Não. Portfólio de entregas

O conceito de carreira linear, com promoções previsíveis e crescimento em escada, **está em colapso**.

Hoje, a trajetória profissional se assemelha mais a um **portfólio de entregas**, experiências, habilidades desenvolvidas, problemas resolvidos e contribuições relevantes.

Você não é o cargo que ocupa.

Você é o **conjunto de soluções que consegue oferecer**.

Essa mudança exige:

- Autoconhecimento.
- Capacidade de posicionamento.
- Inteligência relacional.
- Narrativa pessoal coerente com seu capital intelectual.

O papel das empresas nessa nova equação

Não cabe mais à empresa "**formar profissionais**".

Isso é anacrônico. Mas cabe à empresa:

- Valorizar quem investe em si.
- Remunerar melhor quem entrega mais valor.
- Criar um ambiente de aprendizado real, não só de discurso.
- Reduzir a burocracia que mata a criatividade.
- Oferecer autonomia a quem tem maturidade intelectual para usá-la.

Empresas que ainda operam no modelo *top-down*, paternalista, com RH regulador, **estão perdendo a corrida dos talentos**.

Gente boa não quer patrão. Quer **parceria**.

A metáfora da escultura

É aqui que a frase ganha força:

"Daqui para a frente, precisamos esculpir a nós mesmos".

O artista não espera que lhe deem forma. Ele **toma posse da matéria-prima – e a transforma**.

No mundo do trabalho, essa matéria-prima é:

- Sua curiosidade.
- Sua capacidade analítica.
- Seu tempo livre.
- Seu repertório.
- Suas conexões.
- Sua reputação.

Cada escolha de aprendizado, cada projeto, cada mentor que você procura é **um golpe de cinzel em si mesmo**.

E quanto mais você se esculpe, mais único se torna. Mais raro. Mais valioso.

Responsabilidade e liberdade

Assumir o cuidado com o próprio capital intelectual é libertador, mas também assustador.

Libertador porque:

- Você deixa de depender de cargos e chefes.
- Pode construir autoridade mesmo fora de hierarquias.
- Atrai oportunidades compatíveis com seu valor real.

Assustador porque:

- Não há mais desculpas.
- O protagonismo exige consistência.
- O mercado não perdoa quem para de aprender.

O futuro pertence a quem entendeu que:

Emprego é uma circunstância. Valor é uma construção.

E essa construção é sua.

Feita dia após dia, escolha após escolha, aprendizado após aprendizado.

Daqui para a frente, **ninguém mais será lapidado por uma estrutura externa.**

Todos teremos que **esculpir a nós mesmos – ou seremos apenas pedra bruta esquecida no canto do mercado.**

30

Estamos nos individualizando no consumo e tribalizando nas ideias

Como a personalização excessiva está corroendo a pluralidade e a tolerância

Vivemos na era do "meu café, minha série, meu cardápio, meu algoritmo".

Cada aspecto do consumo moderno foi adaptado para girar em torno do indivíduo. Do plano de dados ao plano de refeições, do *feed* de notícias à lista de reprodução no Spotify, tudo é feito sob medida para agradar o "eu".

O mundo aprendeu a se adaptar a nós.

E isso, à primeira vista, parece uma conquista.

Mas, enquanto o consumo se personaliza, algo estranho acontece no plano das ideias: **nossa mente se fecha**.

Nós nos tornamos menos abertos, menos plurais, menos dispostos a ouvir quem pensa diferente.

Mais do que isso: criamos microcomunidades onde todos pensam igual.

Estamos nos **individualizando no plano do consumo e tribalizando no plano das ideias**.

O café como metáfora

Antigamente, em casa, a mãe fazia o almoço e todos comiam. Hoje, o filho é *low carb*, a filha é vegana, o pai não come glúten. Cada um com seu cardápio. Cada um com seu gosto. Cada um com sua demanda.

A Nespresso oferece dezenas de cápsulas. A Netflix recomenda séries com base no seu humor da noite anterior. A Amazon sabe seu próximo desejo antes de você. O Spotify entende que, se você ouviu jazz três dias seguidos, talvez não queira mais saber de samba, rap ou MPB.

Estamos vivendo o auge da individualização do consumo.

E isso tem seu mérito:

- Mais liberdade.
- Mais conforto.
- Mais aderência às preferências.
- Mais controle sobre as escolhas.

Mas há um preço a pagar. E ele é alto.

A morte do acaso, o fim do contraditório

Quando os meios de comunicação eram de massa, **o contraditório era inevitável**.

Você assistia ao que passava na TV – e isso incluía programas, ideias e pessoas com as quais você não concordava.

Lembra?

- Um concerto de música erudita passava na TV aberta e você assistia com o seu avô.
- Um programa político de viés contrário ao seu tocava na sala e você, mesmo sem querer, escutava.
- O jornal trazia uma manchete que incomodava – mas você lia.

Você tropeçava na diversidade.

E, sem perceber, **aprendia a lidar com ela**.

Esse mundo acabou.

Hoje, só assistimos ao que gostamos. Só ouvimos quem pensa como nós. Só lemos aquilo que confirma nossas crenças.

Nosso universo de ideias virou um espelho.

A ilusão do conhecimento plural

Paradoxalmente, nunca tivemos tanto acesso ao conhecimento. Mas nunca estivemos tão fechados.

Frédéric Martel, no livro *Smart*, aponta que a internet não gerou globalização – e sim fragmentação.

A internet prometia pluralidade, mas entregou **bairros ideológicos**.

Guetos digitais.

Tribos temáticas impermeáveis ao diferente.

Se antes o mundo nos impunha a convivência com o contraditório, agora nós **nos blindamos contra ele**.

O efeito: mais dogmatismo, menos diálogo

O resultado é claro – e preocupante:

1. **As pessoas estão mais cheias de certezas**
→ Porque nunca ouvem bons argumentos contrários.

2. **Estão menos tolerantes**
→ Porque o diferente virou ameaça, não aprendizado.

3. **Estão mais frágeis emocionalmente**
→ Porque não sabem lidar com o desconforto da dúvida.

4. **Estão menos abertas ao novo**
→ Porque o algoritmo reforça o velho hábito.

A internet, que prometia nos conectar com o mundo, **acabou nos desconectando do contraditório**.

O algoritmo como sistema de confirmação

O algoritmo não quer pluralidade. Ele quer permanência. Quer que você fique mais tempo consumindo. E como ele faz isso?

Reforçando o que você já gosta. Eliminando aquilo que o incomoda.

Evitando qualquer coisa que faça você pensar demais.

Ele entende que, se você assistiu a três vídeos de autoajuda, talvez queira evitar filosofia.

Se curtiu uma opinião política, talvez não queira ouvir o outro lado.

Se viu três documentários sobre conspiração, talvez queira um quarto.

O algoritmo não é mal-intencionado. Mas também não é neutro.

Ele é uma máquina de confirmar certezas – e matar a dúvida.

A contradição: exigimos aceitação, mas recusamos escuta

Vivemos em uma sociedade que **prega a diversidade e a inclusão como valores centrais**.

- Respeito à orientação sexual.
- Tolerância religiosa.
- Combate ao racismo.
- Abertura a culturas e estilos de vida.

Mas como promover tudo isso **sem pluralidade cognitiva**?

Como aceitar o outro **se não aceitamos ouvir o outro**?

Não existe inclusão sem escuta.

E não existe escuta dentro de uma bolha.

A nostalgia da exposição involuntária

Talvez tenhamos perdido algo precioso: a possibilidade de tropeçar no que não gostamos.

Aquela exposição involuntária a temas, estéticas, vozes e ideias diferentes da nossa bolha.

Aquilo que faz alguém mudar de opinião. Ou pelo menos **refinar seu próprio argumento**.

Hoje, mesmo nos veículos tradicionais, tudo é segmentado:

- *Podcasts* ultraespecializados.
- Portais com seções personalizáveis.
- Notícias com filtros ideológicos.

A liberdade virou enclausuramento voluntário.

E a democracia perde força quando as ideias não se encontram.

Precisamos reabilitar a pluralidade cognitiva

A tecnologia é neutra. Somos nós que a usamos como **espelho – e não como janela**.

Enquanto a sociedade exige mais aceitação, a internet nos isola. Enquanto o mundo clama por empatia, os algoritmos oferecem conforto. Enquanto precisamos ouvir mais, **ouvimos apenas quem já concorda conosco**.

Se quisermos um futuro menos dogmático e mais humano, precisamos urgentemente **reintroduzir o desconforto do diferente**. Isso passa por:

- Seguir vozes contrárias.
- Ler ideias que desafiam.
- Abrir espaço para o debate.
- Ensinar às próximas gerações que **certeza não é virtude**.

Porque, como disse Voltaire:

> **"A dúvida não é algo confortável.**
> **Mas a certeza é ridícula."**

31

Em um mundo efêmero, o ótimo é o suficientemente bom

O conceito de *good enough* e a sabedoria de agir antes da perfeição

Se Deus tivesse tentado criar um mundo perfeito, talvez ainda estivesse trabalhando nele.

Em vez disso, em sete dias, entregou um mundo **suficientemente bom** para iniciar a vida.

Esse princípio simples e poderoso é um dos mais negligenciados na era da velocidade:

O ótimo é inimigo do bom. E, em tempos exponenciais, o bom é o novo ótimo.

Entre o que já fizemos e o que ainda podemos fazer

Imagine que você está editando um vídeo de um show. Já capturou sorrisos, lágrimas, gestos memoráveis. Mas ainda tem horas de material bruto para revisar. A edição atual está forte – mas sempre pode melhorar. Vale a pena insistir? Ou já está suficientemente bom?

Agora, pense em um carro de corrida sendo preparado para a largada. A performance está acima da média, mas poderia ser refinada. Resta pouco tempo. Ajustar mais ou ir com o que tem?

Um vestibulando, exausto, precisa escolher entre revisar mais uma apostila ou descansar.

Um violinista questiona se afina mais a corda ou aceita o seu som como está, antes que arrebente.

Essas decisões cotidianas refletem um dilema universal: quando parar de melhorar? Quando declarar algo pronto?

A armadilha da perfeição no mundo exponencial

Somos ensinados desde cedo que o ótimo é o inimigo do bom. Mas seguimos ignorando a sabedoria dessa frase.

A perfeição é uma ilusão sedutora:

- Nunca chega.
- Nunca satisfaz.
- Nunca termina.

E enquanto buscamos o perfeito:

- O tempo passa.
- O custo aumenta.
- O concorrente avança.
- O momento se perde.

Na era digital, **quem espera para lançar o perfeito**, já nasceu atrasado.

O exemplo do iPhone: imperfeito, mas revolucionário

O primeiro iPhone foi lançado sem:

- Multitarefa.
- Câmera potente.
- Bluetooth funcional.
- Bateria duradoura.

Mas a pergunta de Steve Jobs foi simples e genial: "Está suficientemente bom para mudar a história?". A resposta foi sim.

E o resto é história.

A Apple não esperou o ótimo.

Entregou o suficientemente bom – e aprimorou com atualizações.

Esse é o poder do *good enough* no mundo digital: lançar rápido, ouvir o mercado e evoluir em movimento.

Hardware fixo, *software* fluido

O mundo analógico exigia perfeição na origem:

- Um carro é lançado pronto.
- Uma geladeira não muda.
- Um livro impresso não se altera.

Já o digital permite outra lógica:

- Versão beta.
- Atualizações constantes.
- Correções em tempo real.

Essa separação entre *hardware* e *software* **redefiniu a noção de produto, entrega e gestão**.

Hoje, não precisamos mais acertar tudo de primeira. Precisamos **acertar o suficiente para começar**.

E estar dispostos a continuar melhorando.

A natureza também opera com *good enough*

O conceito do suficientemente bom **não é uma invenção moderna** – é um princípio biológico.

- O espermatozoide que fecunda o óvulo não é o mais rápido.
- Um animal não precisa ser o mais veloz, apenas mais rápido do que seu predador.
- Árvores não crescem infinitamente: atingem a altura necessária para captar luz.

A seleção natural é baseada em eficiência, não em perfeição. Um organismo que busca o ótimo absoluto:

- Gasta energia demais.
- Exige recursos que não possui.
- Perde um tempo que não pode desperdiçar.

E, com isso, desaparece.
A natureza sobrevive sendo **suficientemente boa** – e isso basta.

Gestão é saber a hora de parar

O mesmo vale para empresas:

- O McDonald's nunca vendeu o melhor hambúrguer. Mas Ray Kroc sabia que era **suficientemente bom** para escalar globalmente.

- → O Projeto Iridium, da Motorola, era tecnologicamente brilhante. Mas demorou demais – e perdeu o *timing* do mercado.
- → O Titanic era o auge do luxo e da engenharia, mas fracassou por subestimar o essencial – segurança. Gastaram demais no ótimo em conforto. Esqueceram o suficientemente bom em proteção.

Esses exemplos mostram que **gestão é a arte de equilibrar expectativa e entrega**.

Os 5 critérios do "suficientemente bom"

1. **Custo de oportunidade**
   Quanto custa continuar tentando melhorar, em termos de tempo, energia e dinheiro?
   O que estou deixando de fazer enquanto busco o ideal?
2. **Prazo de validade**
   Essa entrega tem "data de expiração"?
   Se demorar demais, perde o impacto?
3. **Ambiente concorrencial**
   Enquanto você lapida o seu, quantos já colocaram algo no mercado?
4. **Impacto tecnológico**
   O que é ótimo hoje pode estar obsoleto amanhã.
5. ***Momentum* organizacional**
   Há disposição interna para continuar refinando?
   Ou a energia do time se esgotou?

Esses critérios ajudam a decidir quando parar. Quando dizer: "Isso basta. Vamos adiante".

O dilema do livro que nunca termina

Ao escrever um livro, o autor vive o dilema do suficiente.

- Sempre há uma citação nova.
- Uma história adicional.
- Uma melhoria no argumento.

Mas, se esperar pelo livro perfeito, **ele jamais será lançado**.

E talvez alguém publique algo parecido antes. Ou o tema perca relevância.

A pergunta não é "Está perfeito?", mas sim: "Está suficientemente bom para entregar valor agora?".

Se a resposta for sim – publique. E siga adiante.

O digital exige agilidade, não perfeição

Antes, lançar um produto exigia certezas. Hoje, exige **coragem**.

- Coragem de lançar com imperfeições.
- Coragem de ouvir *feedbacks*.
- Coragem de melhorar continuamente.

O mundo digital é um fluxo. Não há ponto final – há atualizações.

No passado, a perfeição era alcançada quando **não havia mais o que acrescentar**.

Hoje, ela é atingida quando **não há mais o que tirar**.

Simplicidade, essência, foco – esses são os novos sinônimos de excelência.

A beleza de ser suficientemente bom

Vivemos em um tempo acelerado, volátil, imprevisível. A busca pela perfeição pode nos paralisar. O perfeccionismo pode ser a versão elegante da procrastinação.

Por isso, o conceito de suficientemente bom é revolucionário. Ele:

- Libera a entrega.
- Impulsiona a inovação.
- Reduz a ansiedade.
- Aumenta a agilidade.
- E, muitas vezes, **muda o mundo**.

Afinal, como dizia o provérbio zen:

"O bom feito hoje é melhor que o ótimo nunca feito".

Ou, voltando ao princípio:

"Se Deus tivesse esperado o mundo perfeito, ainda estaríamos no segundo dia da Criação".

32

Você é o que você crê

A força invisível que modela decisões, comportamentos e destinos

"Você é o que come."

"Você é o que pensa."

"Você é o que compartilha."

Todas essas frases carregam alguma dose de verdade – mas são fragmentárias.

Mais do que o alimento, os pensamentos ou os *posts*, há algo mais profundo que nos molda por dentro e por fora: **você é o que você crê**.

Sim, nossas **crenças** – conscientes ou inconscientes – são os verdadeiros roteiristas da nossa história.

As duas grandes crenças: interna e transcendente

Toda crença pode ser dividida, de forma simplificada, em dois grandes blocos:

1. **Crença interna – é a fé que você tem em si mesmo.** Autoconfiança. Autoestima. Coragem. Visão de potência. **É quando você acredita que pode, que merece, que consegue.**

Quanto maior essa crença, maior a sua disposição para:

→ Agir.
→ Arriscar.
→ Empreender.
→ Conquistar.

Ela é o motor do "eu posso".

2. **Crença transcendente – é a fé em algo que vai além de si.** Religiosa ou não, **é** a convicção de que há uma força guiando, protegendo ou conspirando a favor.

Pode se chamar:

- → Deus.
- → Destino.
- → Sorte.
- → Universo.
- → Força maior.
- → "Escrito nas estrelas".

Ela é o manto invisível que conforta, direciona e, muitas vezes, **justifica o inexplicável**.

Quando as crenças se combinam

As pessoas que têm **alta crença interna e alta crença transcendente** são as mais ousadas. Sentem-se invencíveis – por si e pelo "além". São visionárias, determinadas, destemidas.

Mas também podem ser imprudentes, arrogantes ou desconectadas da realidade.

- → Podem vencer o mundo.
- → Ou quebrar-se dentro dele.

Se uma das crenças falta, o comportamento muda.

- Quem só crê em si pode se tornar autossuficiente, mas cético.
- Quem só crê no transcendente pode ser místico, mas passivo.

É a composição entre essas duas crenças que forma **o DNA psicológico das decisões**.

A distância entre o *self* atual e o *self* ideal

Outro fator que modela o comportamento é a **relação entre quem somos e quem desejamos ser**.

- O *self* **atual** é sua versão de hoje: suas capacidades, sua aparência, seu *status*, sua realidade.
- O *self* **ideal** é a imagem de quem você gostaria de ser: mais bem-sucedido, mais reconhecido, mais inteligente, mais bonito, mais realizado.

A distância entre esses dois tipos de *self* é combustível.

- Quando **pequena**, traz conforto, estabilidade, mas pouca ambição.
- Quando **grande**, traz impulso, desejo, esforço – e também frustração.

Pessoas com distâncias grandes:

- Lutam mais.
- Arriscam mais.
- Sofrem mais.

Pessoas com distâncias pequenas:

- Ficam estagnadas com mais facilidade.
- Têm menor nível de ansiedade.
- São mais satisfeitas, porém menos ambiciosas.

Não há certo ou errado – há apenas **equações distintas de vida**.

Uma equação de quatro incógnitas

A combinação entre:

1. Crença interna.
2. Crença transcendente.
3. *Self* atual.
4. *Self* ideal.

Forma uma matriz que define **milhares de perfis humanos**. Exemplos:

- **Alta crença interna + alto *self* ideal** = ambição desafiadora.
- **Alta crença transcendente + baixo *self* atual** = esperança resignada.
- **Baixa crença interna + alto *self* ideal** = angústia e autodepreciação.
- **Alta crença interna + baixo *self* ideal** = contentamento e equilíbrio.
- **Baixa crença em tudo** = niilismo e apatia.
- **Alta crença em tudo** = heroísmo ou imprudência.

Entender essa equação é a chave para compreender por que somos como somos.

A crença que transforma

Crer **move**.

Crer **cura**.

Crer **dói menos**.

- Crer que vai dar certo nos faz começar.
- Crer que somos capazes nos faz persistir.
- Crer que há algo maior nos dá sentido.
- Crer no outro nos conecta.

Crença é uma tecnologia invisível de superação.

O lado sombrio da crença

Mas, como toda força, a crença tem seus riscos.

1. **Orgulho disfarçado de humildade**
   É comum observar "crentes" que se orgulham de sua humildade. A fé vira superioridade. A crença torna-se arrogância silenciosa.

2. **Projeção excessiva**
   Quem crê demais em si, projeta os erros no mundo externo. Nunca assume culpa. Nunca revê decisões. O ego infla e a escuta morre.

3. **Terceirização do fracasso**
Quem crê demais no transcendente, se desresponsabiliza. Se algo deu errado, foi porque "Deus quis assim". A passividade se disfarça de fé.

Por isso, a crença precisa vir sempre **acompanhada de consciência**.

É possível cultivar a crença?

Diferente do conhecimento, que se ensina, ou da técnica, que se treina, **a crença não pode ser imposta**.

Ela é orgânica. Ou nasce. Ou adormece. Ou é despertada.

Mas há formas de estimular seu florescimento:

- → Cercar-se de pessoas que inspiram.
- → Relembrar conquistas passadas.
- → Revisitar narrativas pessoais.
- → Expor-se ao novo.
- → Trabalhar a autoestima com seriedade.
- → Entender que perfeição não é pré-requisito da crença.

A crença, muitas vezes, surge da adversidade. Ela brota da dor, da queda, da escassez.

Quando tudo desaba, é ela que permanece.

O que você crê, você constrói

No fim das contas, não somos o que fazemos – somos o que **acreditamos que podemos fazer**.

A crença é o solo onde toda construção começa. E é por isso que:

Você não é o que come, pensa ou publica.

Você é o que você crê.

Porque crer é o primeiro passo de qualquer jornada. Quem não crê, não vai. Quem não crê, não tenta. Quem não crê, não vive plenamente.

Então a pergunta não é "O que você tem feito da sua vida?", mas sim:

"No que – ou em quem – você tem acreditado ultimamente?"

33

Medo é o motor que move o mundo

Por que as grandes decisões nascem do receio, e não da bravura

Crescemos ouvindo que a coragem é a força que nos impulsiona. Que o medo paralisa, enquanto a ousadia nos projeta adiante. Que heróis são valentes e covardes são estáticos.

Essa narrativa é inspiradora, mas incompleta. Porque, na prática, **é o medo que move o mundo**.

É ele que acelera e breca. Que gera guerras e revoluções. Que funda impérios e destrói empresas.

O medo é o combustível oculto das decisões humanas. Um motor silencioso que pulsa por trás de quase tudo.

A história é escrita com medo

Quando Pedro Álvares Cabral descobriu o Brasil, **Portugal não buscava aventura – buscava segurança**.

Foi o medo do avanço marítimo espanhol que impulsionou a Coroa a financiar rotas e caravelas.

A Guerra Fria não foi uma competição por poder. Foi um pacto silencioso de **medo mútuo**.

"Se eu não me armar, ele me destrói primeiro." "Se eu não lançar primeiro, serei alvo depois."

Muitos dos grandes avanços científicos e militares foram resultados diretos **do medo de ser ultrapassado**.

E o mesmo vale para a história recente:

- → A corrida espacial foi movida pelo medo da hegemonia soviética.

- A globalização foi acelerada pelo medo da exclusão econômica.
- O investimento em IA é motivado pelo medo da irrelevância competitiva.

Avanços que pareciam ousados, na verdade, foram reações.
A coragem foi só a aparência.
O medo foi a origem.

O medo nas empresas: uma força que acelera e paralisa

Nas organizações, o medo reina. Disfarçado de:

- Planejamento estratégico.
- Análise de risco.
- *Benchmarking*.
- *Due diligence*.
- "Precaução".

Em boa parte dos conselhos corporativos, **não se decide com bravura – decide-se com receio.**

Receio de:

- Ficar para trás.
- Ser ultrapassado.
- Perder relevância.
- Errar sozinho.
- Acertar depois dos outros.

As grandes decisões raramente são voluntárias. São, quase sempre, **reativas**.

"Vamos investir em tecnologia?" "Claro. E se o concorrente fizer antes?"

"Vamos comprar aquele *player* menor?" "Sim. E se ele for comprado por outro?"

O marketing do medo: quando o impulso vence o julgamento

O caso das empresas "ponto com", nos anos 2000, é emblemático. Mais de 3 trilhões de dólares evaporaram.

Não por má-fé. Não por ignorância. Mas por **medo**.

"Não podemos ficar de fora."

"É melhor errar junto do que acertar depois."

"Não dá para perder essa onda."

"Vamos apostar."

Foram apostas emocionais. Baseadas em pânico. E mascaradas de estratégia.

Esse é o "marketing do medo": quando as empresas compram promessas – para não comprarem frustração.

Entram em mercados não por convicção – mas por receio. Inovam não por desejo – mas por pressão.

E quando isso acontece, quem decide não é mais a liderança. É o ambiente. É o boato. É o vizinho.

Medo bom x medo ruim

Importante: **o medo não é ruim em si**.

Existem dois vetores possíveis:

1. **Medo positivo (proativo)**

→ Estimula a prudência.
→ Gera antecipação.
→ Aumenta o foco.
→ Estimula a melhoria contínua.
→ Cria senso de urgência saudável.

2. **Medo negativo (reativo)**

→ Gera pânico.
→ Estimula a imitação.
→ Paralisa a inovação.
→ Faz agir fora do timing.
→ Cria um ambiente de histeria decisória.

O mesmo medo que previne quedas pode impedir saltos. Tudo depende de como ele é interpretado – e por quem.

O ciclo do medo nas organizações

Nas empresas, o medo segue um padrão previsível:

1. O mercado dá sinais de mudança.
2. As empresas hesitam, mas observam.
3. Uma delas se mexe primeiro – não por coragem, mas por receio.
4. As outras seguem – não por estratégia, mas por medo de ficarem para trás.
5. As decisões se multiplicam e perdem racionalidade.
6. O ciclo se retroalimenta, até a bolha estourar.

A coragem parece generalizada. Mas o que há é uma epidemia de medo disfarçada de ousadia.

Por que o medo cria crises tão rapidamente

O medo tem uma característica brutal: é altamente contagioso.

Quando um investidor vende, os outros vendem. Quando uma empresa demite, outras seguem.

Quando um setor retrai, os demais se retraem por antecipação. É por isso que **as crises surgem de forma repentina**.

Elas não são provocadas por indicadores – mas por sensações coletivas. E o medo é a principal delas.

Crises não começam com dados. Começam com dúvidas.

Coragem não é ausência de medo. É decisão com consciência

O antídoto para o medo não é a ousadia cega. É a **coragem lúcida**.

Decidir com coragem não é ignorar o risco – é integrá-lo à escolha. É saber que:

- → O risco existe.
- → O medo é legítimo.
- → O comando permanece com você.

A decisão tomada com coragem é **endógena** – nasce de dentro. A decisão tomada com medo é **exógena** – imposta de fora.

Liderar é aprender a ouvir o medo – e decidir **apesar dele**.

O que define o rumo: medo ou consciência?

Toda empresa, em algum momento, se depara com o dilema: "Estamos fazendo isso por estratégia ou por medo?".

É uma pergunta simples, mas raramente feita. Porque o medo vem disfarçado:

- De oportunidade.
- De urgência.
- De tendência de mercado.
- De *benchmark*.

Mas, por trás, está apenas o pânico de perder o trem. Mesmo sem saber qual é o destino.

A coragem de não ter medo do medo

Na política, diz-se que "a esperança venceu o medo". Mas, no mundo corporativo, **o medo ainda governa**.

E continuará governando – até que os líderes parem de fugir dele. É preciso coragem para:

- Não investir quando todos investem.
- Dizer não quando todos dizem sim.
- Esperar quando o mercado corre.
- Agir quando o mercado trava.

A coragem, no fundo, não é ausência de medo. É a decisão de não se ajoelhar diante dele.

O medo continuará movendo o mundo – mas quem dirige é você

Não se trata de eliminar o medo.

Ele é instinto. É biologia. É inteligência primitiva.

Trata-se de **assumir o volante**.

Toda decisão que nasce apenas do medo está condenada à instabilidade.

Mas toda decisão que **considera o medo – e o transcende com lucidez – é mais sábia, mais estratégica e mais humana**.

No fim, o medo é como o combustível de um carro:

- → Se ignorado, vaza e explode.
- → Se contido demais, paralisa.
- → Se bem usado, **move e transforma**.

34

Inovação é fazer de modo diferente aquilo que os outros fazem igual

O verdadeiro valor das ideias que movem o mundo

Quantas vezes você já ouviu que "a ideia vale tudo"?

E quantas vezes viu ideias geniais morrerem na gaveta?

Vivemos cercados de clichês sobre inovação. Mas poucos compreendem o que ela realmente significa.

Inovação não é invenção. Inovação não é tecnologia. Inovação é **ação**.

É transformar a mesmice em possibilidade. É revisar o óbvio.

É fazer diferente aquilo que todos fazem igual.

A confusão entre ideia e inovação

Somos, muitas vezes, **vítimas do critério**.

A sociedade, a escola, as empresas, os MBAs – todos nos ensinaram a associar "ideia" com "invenção".

A imagem da lâmpada acesa. O arquétipo do gênio solitário. A valorização do inédito pelo ineditismo.

Mas uma **ideia é conteúdo**.

E a **inovação é continente**.

A ideia é o "o quê".

A inovação é o "como", o "por quê" e, acima de tudo, o "para quê".

Inovação não é complexidade – é simplicidade com coragem

Na prática, inovação raramente é tecnologia de ponta. Mais frequentemente, ela é:

- Um novo jeito de organizar.
- Um outro modo de vender.
- Um canal de relacionamento inusitado.
- Uma quebra de rotina operacional.
- Um modelo de remuneração inusitado.
- Uma experiência de cliente fora do *script*.

Inovar é fazer de modo diferente aquilo que os outros fazem igual.

A inovação está por toda parte – se o espírito estiver desperto

A inovação pode estar no:

- Atendimento ao telefone.
- Formato da proposta comercial.
- Ritual interno de equipe.
- Disposição dos móveis.
- Modelo de cobrança.
- Tom de voz nos e-mails.

Ela **não precisa de capital. Precisa de repertório, inquietação e ousadia.**

É por isso que a inovação verdadeira **nasce na alma.**

A diferença entre quem executa e quem é executado

Num mundo onde todos seguem manuais, **inovar é desobedecer com inteligência**.

É a diferença entre:

- Executivos e executados.
- Estratégia viva e PowerPoint.
- Caminho aberto e trilha repetida.

Empresas que não inovam **sobrevivem no ontem**.

Empresas que inovam **disputam o amanhã**.

O caso da República Dominicana: quando não há luz, há criatividade

Nos anos 1990, quando eu trabalhava na Young & Rubicam, era responsável por supervisionar operações em toda a América Latina.

De todos os países que reportavam seus resultados, um se destacava: **a República Dominicana**.

Enquanto Argentina, Chile, Colômbia, Costa Rica, México e Brasil enviavam relatórios extensos justificando **por que não haviam batido a meta**, a República Dominicana entregava uma linha só: "Orçado 2, realizado 3". Trimestre após trimestre, estava 50% acima do previsto.

Poderia parecer sorte. Mas era **inovação real**.

O cenário dominicano: a adversidade como regra

Naquele momento:

- → O país não tinha fornecimento constante de energia elétrica.
- → As termoelétricas estavam paradas.
- → Não havia água encanada com regularidade.
- → A inflação era alta.
- → A corrupção era crônica.
- → O presidente da República era, literalmente, **cego**.
- → O país fazia fronteira com o Haiti, com todos os desafios sociais que isso implicava.

Mesmo assim, a gerente-geral da agência, Sra. **Damaris**, batia recordes. Como?

Ações simples, poderosas – e absolutamente inovadoras

1. **Gravação de discos com** jingles **publicitários entre as faixas**
   Tornou-se a **maior gravadora do país**.

2. **Kombis com megafones tocando anúncios**
   No estilo "homem da pamonha", circulavam pelos bairros, alcançando pessoas onde não havia mídia.

3. **Exibição de novelas mexicanas em praças públicas**
Com geradores próprios, transmitiam comerciais nos intervalos, transformando **espaços de lazer em veículos de mídia**.

Damaris **não reclamava da falta de recursos; criava soluções com o que tinha** – e reinventou a ideia de agência de propaganda.

Enquanto uns faziam relatório, ela realizava

Os colegas de outros países sabiam elaborar relatórios impecáveis, manuais de desculpas, cátedras de conjuntura econômica. Mas faltava **espírito**.

Enquanto a maioria estava mais preocupada em **justificar**, Damaris entregava **ação, paixão e inventividade**.

Porque **inovação é isso**: **resolver, e não reportar**.

A inovação como atitude, não como função

Damaris não era *Chief Innovation Officer*. Não tinha comitê de inovação. Tampouco orçamento separado para "projetos disruptivos".

Ela tinha apenas:

- Um problema.
- Um senso de urgência.
- A crença de que poderia fazer diferente.

Isso é inovação na sua forma mais pura: **movimento com propósito diante da limitação.**

O que aprendemos com isso?

1. **Inovação não é o que você compra, é o que você decide**
   Não depende de recursos – depende de repertório e posicionamento.

2. **Inovação é coragem**
   Coragem para errar, para parecer ridículo, para contrariar manuais, para começar antes de estar pronto.

3. **Inovação é execução**
   Uma ideia vale pouco se não for aplicada com energia e consistência.

4. **Inovação é posicionamento interno**
   É cultura, espírito, clima, permissão para tentar.

O valor imensurável de uma ideia colocada em prática

Alguém pode perguntar: "Quanto vale uma ideia dessas?". Difícil dizer.

Porque uma ideia transformadora **não tem preço – tem potência.**

Assim como um filho ou um livro, **o valor da ideia está na vida que ela gera.**

A República Dominicana não virou potência econômica, mas tornou-se **referência de criatividade prática, mesmo no pior dos cenários.**

O mundo não muda com planos. Muda com inovação em ação

Inovação não é um departamento. Não é um *slide*. Não é um KPI.

É uma forma de **ver, sentir e decidir**.

Enquanto uns choram, outros vendem lenços.

Enquanto uns culpam a escuridão, outros criam telões com geradores.

A pergunta não é: "Você tem boas ideias?".

A pergunta é:

"Você tem coragem de fazer de modo diferente aquilo que todos fazem igual?"

35

Não há mais como separar o capital humano do capital tecnológico

Por décadas, o capital humano e o capital tecnológico foram tratados como entidades distintas.

Enquanto um era "gente", o outro era "máquina".

Enquanto um era assunto de RH, o outro era responsabilidade da TI.

Essa lógica já não se sustenta.

O mundo mudou.

O ser humano mudou.

E a tecnologia já não é uma ferramenta – é uma extensão de quem somos.

Não estamos mais diante de um cenário em que pessoas **usam tecnologia**.

Estamos vivendo um tempo em que pessoas **são ampliadas pela tecnologia**.

A inteligência não cabe mais dentro do crânio

O cérebro humano, durante milênios, expandiu-se física e funcionalmente.

Mas essa expansão chegou a um limite natural.

O crânio não pode crescer indefinidamente.

O consumo de energia já beira o máximo viável. Como resolver isso? A natureza e a cultura deram um salto.

A inteligência começou a crescer fora do corpo: na escrita, nos livros, nos computadores, na internet, na nuvem, nos algoritmos.

A inteligência humana **migrou da biologia para a cultura**.

Da cabeça para o sistema. Do indivíduo para a rede.

Surge a exteligência: uma rede neural entre seres humanos e IA

Chamamos essa nova condição de **exteligência**: a somatória entre a inteligência individual e os sistemas externos que a ampliam.

Um conceito que representa a simbiose entre:

- → Eu e meu *smartphone*.
- → Eu e o ChatGPT.
- → Eu e o *dashboard* que me ajuda a decidir.
- → Eu e o algoritmo que me sugere.
- → Eu e a IA que me orienta.

Assim como a inteligência é interna, a exteligência é transindividual. É a inteligência em rede.

O profissional da nova era: um ser híbrido, interconectado

A pergunta agora não é: "Essa pessoa trabalha bem em equipe?".

Mas sim:

"Essa pessoa atua bem em rede?"

A nova competência essencial não é mais apenas:

- → Comunicação interpessoal.
- → Trabalho colaborativo.
- → Resolução de problemas.

Mas sim:

- → Fluência digital.
- → Adaptação a sistemas.
- → Capacidade de integrar múltiplas plataformas.
- → Pensamento conectado e transversal.

Esse é o **novo profissional**:

Um ser humano + uma malha tecnológica.

Um nó de uma rede inteligente em constante mutação.

Bem-vindo à era do CHX – Capital Humano Expandido

Se o RH ainda fala em "recrutar talentos", é hora de mudar a linguagem.

Agora, o foco é atrair, desenvolver e reter **CHX – Capital Humano Expandido**.

Quem é esse novo capital humano?

1. **Não é apenas inteligente**
   É **exteligente**. Sabe trabalhar com IA, mas sabe o que a IA não sabe.

2. **Não é apenas produtivo**
   É **curioso e adaptável**. Sabe desaprender, reaprender e aprender continuamente.

3. **Não é apenas digital**
   É **simbiôntico**. Conecta-se de forma orgânica com ferramentas, redes, pessoas e informações.

4. **Não é apenas técnico**

   É **filosófico**. Sabe pensar sobre o impacto do que faz.

Esse é o novo ativo estratégico das organizações.

E só um RH atualizado é capaz de reconhecê-lo e potencializá-lo.

A transformação digital precisa migrar da TI para o RH

Durante muito tempo, a transformação digital foi missão da TI.

Mas a TI, por natureza, **foca estrutura**, **segurança**, ***compliance* e infraestrutura**.

E isso é essencial, mas não basta.

A verdadeira transformação digital **não é sobre cabos e códigos**.

É sobre **pessoas que pensam, agem e decidem de maneira ampliada**.

Por isso, essa missão precisa migrar para o RH ou, no mínimo, ser **coliderada**.

É o RH quem:

- Mapeia competências.
- Define perfis.
- Estrutura trilhas de desenvolvimento.
- Garante cultura.
- Estimula o aprendizado contínuo.
- Trabalha a motivação e o senso de pertencimento.

É hora de o RH:

- Abandonar o papel operacional.
- Assumir o protagonismo estratégico.
- Ser o catalisador da integração entre tecnologia e pessoas.

Avaliar não apenas a inteligência, mas a exteligência

Processos seletivos ainda medem:

- QI (quociente intelectual).
- QE (quociente emocional).
- Perfil comportamental.

Mas e o **QExt** – Quociente de Exteligência? Será que estamos medindo:

- A capacidade da pessoa para usar IA de forma ética?
- Sua fluência em ferramentas colaborativas?
- Sua agilidade para transitar entre plataformas e contextos?
- Seu conforto em interagir com inteligências não humanas?

Se a resposta for não, **estamos recrutando profissionais para o passado**.

Os neo-humanos estão chegando

Talvez eles já tenham chegado. São jovens que:

- Cresceram com o digital.
- Pensam por *hiperlinks*.

- Navegam entre telas e tarefas com fluidez.
- Têm baixa tolerância a processos burocráticos.
- Buscam propósito, não apenas salário.
- São inquietos, velozes, adaptáveis.

Mas também:

- Precisam de estímulo constante.
- Têm dificuldade com profundidade analítica.
- Reagem mal a ambientes engessados.

Os gestores estão preparados para essa geração?

O RH está preparado para lidar com seres que não se separam mais de seus dispositivos?

Estamos prontos para liderar o híbrido humano-máquina?

O novo RH: arquitetando redes humanas-tecnológicas

O novo RH precisa:

- Criar **ambientes de aprendizagem contínua**.
- Avaliar o desempenho **em rede**.
- Promover a **alfabetização algorítmica**.
- Incentivar a **colaboração entre humanos e sistemas inteligentes**.
- Redefinir a liderança para lidar com **seres exteligentes**.

Não se trata mais de "recursos humanos".

Trata-se de **potenciais humanos conectados**.

A pergunta final: estamos prontos para o CHX?

As empresas precisam responder com urgência:

- Nossos líderes entendem exteligência?
- O RH sabe medir e desenvolver CHX?
- Estamos preparando pessoas para viver em rede neural com a IA?
- Nossa cultura aceita o erro como parte do aprendizado em tempo real?
- Estamos tratando IA como ampliação – ou como ameaça?

Porque a verdade é que os **neo-humanos** já chegaram.

Eles pensam diferente, trabalham diferente e querem ser liderados por quem **entende o tempo em que vivem**.

A fusão já aconteceu. Agora precisamos redesenhar tudo

Não há mais como separar gente de máquina, cérebro de sistema, decisão de algoritmo.

A inteligência está fora do corpo. A cultura está dentro do código.

E o futuro é uma rede de pessoas e máquinas que pensam e agem juntas.

Nesse cenário, o papel do RH **não é reter talentos**.

É libertar potencial. Conectar inteligências.

E garantir que o humano **não perca sua essência – ao expandi-la**.

36

Quase tudo que achamos que virá já está entre nós

Como enxergar o presente invisível e agir sobre um futuro que já chegou

Vivemos cercados de previsões. Relatórios de tendências. Estudos de futuro. Mapas do amanhã.

Mas e se o futuro já estiver entre nós – disfarçado de irrelevância?

E se o "vai ser" for, na verdade, o "já é"?

E se estivermos olhando para o futuro como quem vê um carro pelo espelho retrovisor – pequeno e distante – quando, na verdade, **ele já está logo atrás**?

Essa é a realidade paradoxal da nossa era: **o futuro deixou de ser previsão e passou a ser percepção**.

E muitos ainda estão com os olhos voltados para um horizonte que **já chegou**.

O espelho retrovisor da nossa consciência temporal

A frase clássica dos espelhos de automóveis diz: "Os objetos no espelho estão mais próximos do que parecem".

Assim também funciona com o tempo.

O que achamos que está longe, já chegou. O que parece "em desenvolvimento", já está consolidado. O que chamamos de "tendência", muitas vezes é realidade latente.

Mas nossa mente não está preparada para isso. Pensamos de forma **linear**.

Planejamos por ciclos.

Queremos controlar o tempo como se ele ainda fosse o mesmo. Mas ele **mudou**.

O tempo hoje é **exponencial, efêmero, descontínuo e impaciente**.

A escada do pensamento e o elevador da realidade

Somos condicionados a pensar **passo a passo**.

1. Ideia.
2. Protótipo.
3. Teste.
4. Adoção.
5. Escala.
6. Consolidação.

Mas o mundo atual **não respeita mais esse cronograma**.

Hoje, ideias saem do laboratório direto para o TikTok. *Startups* se tornam unicórnios antes de obterem lucro.

Crianças viram influenciadores antes de aprenderem tabuada.

Produtos são lançados e testados **simultaneamente**.

Enquanto nossa percepção sobe de escada, a realidade sobe de elevador. E lá do alto, já nos acena – esperando que a gente se dê conta de que ela já chegou.

O presente invisível: quando a realidade não parece real

Futuristas como William Gibson já diziam:

“O futuro já chegou. Só não está igualmente distribuído”.

E talvez nem igualmente percebido.

A inovação costuma nascer em três fases:

1. **Ignorada:** "Isso é modismo".
2. **Ridicularizada:** "Isso não serve pra mim".
3. **Inevitável:** "Como vivíamos sem isso?".

Entre o ridículo e o inevitável, há um abismo chamado **presente invisível**.

Aquele momento em que algo **já existe, mas não parece relevante**.

E é justamente aí que moram as grandes oportunidades – e os maiores riscos.

As empresas estão atrasadas para o que já chegou

A maior parte das corporações ainda está **se preparando para o que já aconteceu**.

- → Investem em transformação digital **quando o consumidor já virou digital nativo**.
- → Criam áreas de inovação **enquanto o mercado já vive da disrupção**.
- → Desenvolvem planos de diversidade **quando a nova geração já nasceu plural**.

Estão sempre correndo atrás de um futuro que **já virou passado**.

A ilusão do longo prazo num mundo de curtos ciclos

Dizem que subestimamos o que pode mudar em 10 anos e superestimamos o que conseguimos fazer em 1 ano.

Mas, hoje, até essa máxima precisa de revisão.

- O que antes levava **décadas** agora leva **anos**.
- O que antes levava **anos** agora acontece em **meses**.
- E o que esperamos para amanhã **já está acontecendo hoje**.

O ChatGPT, por exemplo, não surgiu em 2023.

Ele nasceu anos antes, mas só se tornou "real" quando mudou o comportamento. Ou seja: **quando passou a impactar o cotidiano**.

A cegueira seletiva que nos impede de ver o agora

Por que temos tanta dificuldade em enxergar o presente?

1. **Foco nas pendências**
   Estamos tão ocupados com o que está atrasado que ignoramos o que está adiantado.

2. **Romantismo do futuro**
   Preferimos imaginar o que virá em vez de encarar o que já está nos desafiando hoje.

3. **Aversão à mudança**
   Admitir que o futuro já chegou nos **obriga a reagir – e isso gera medo**.

4. **Falta de repertório**
   Não conseguimos considerar como relevante o que **não sabemos nomear**.

O papel dos líderes: radar de presente, não bola de cristal

Líderes não precisam prever o futuro. Precisam perceber o agora que está disfarçado.

Não é mais necessário:

- Contratar futurologistas.
- Fazer *workshops* sobre 2040.
- Sonhar com robôs humanoides.

Basta **observar os comportamentos já em curso**.
O futuro é comportamento – **não tecnologia**.
A pergunta-chave não é mais "O que está por vir?".
Mas sim: **"O que já chegou e eu ainda não vi?"**.

Exemplos do futuro já presente

- ***Anywhere office*:** antes da covid-19, era "experimento". Hoje, é cultura consolidada.
- **IA generativa:** era "curiosidade técnica". Hoje, está no celular de qualquer criança.

- → **Consumo consciente:** virou *driver* de marca. Já impacta *valuation* e escolha de talentos.
- → **Autenticidade na comunicação:** passou de "tendência" para "pré-requisito".
- → **Pluralidade de identidades:** já é realidade social, embora muitas marcas ainda tratem como projeto.
- → **Educação não linear:** o diploma perdeu centralidade. O YouTube e o Coursera tomaram o lugar da enciclopédia.

Como atuar sobre um presente que ainda parece futuro?

1. **Mapeie as "tendências" que já mudaram o comportamento**
   Onde há mudança de hábito, há mudança estrutural.

2. **Observe o que os jovens fazem naturalmente**
   Seu comportamento é laboratório vivo do novo tempo.

3. **Questione a lentidão das suas estruturas**
   Sua área de inovação está mais rápida que a realidade? Ou mais lenta que o TikTok?

4. **Não espere escala para agir**
   O *insight* já é suficiente. Quem espera massa crítica, já perdeu a vantagem.

5. **Atualize seu radar sem perder a essência**
   O novo só é útil se servir ao que você é.

Não precisamos prever o futuro. Precisamos abrir os olhos para o presente

Vivemos numa sociedade que está sempre preparando o guarda-chuva **quando já está chovendo**.

O que achamos que virá já chegou.

Está ao nosso lado. No comportamento dos clientes. No bolso dos jovens. Na cabeça das crianças. No dilema dos gestores.

O futuro não precisa ser previsto. Precisa ser **percebido**.

E o presente **não precisa ser adivinhado**. Precisa ser **escutado**.

Talvez o maior erro da estratégia contemporânea seja este: **preparar-se para o amanhã ignorando o hoje**.

37

Num quebra-cabeça, a última peça não é mais importante que todas as outras

O valor do processo, a ilusão do clímax e o respeito pelo esforço invisível

Vivemos em busca de momentos mágicos. Esperamos por epifanias.

Por aquela última peça que, ao se encaixar, faz tudo parecer fazer sentido.

Mas a verdade é que **a peça final não tem valor sem todas as outras**.

A chegada só é mágica porque houve caminho.

O clímax só emociona porque foi precedido por esforço.

A epifania, por mais intensa que seja, não é espontânea.

Ela é fruto de acúmulo. De tentativa. De persistência. De frustração.

E de reconstrução.

A ilusão do momento mágico

Costumamos valorizar o ponto de chegada.

O gol da vitória. O discurso de formatura. A promoção no trabalho. O último capítulo da série. A "ideia genial" de uma *startup*.

Mas ignoramos o que houve antes:

- Os treinos solitários.
- As noites sem dormir.
- Os rascunhos rabiscados.
- As conversas interrompidas.
- Os fracassos ocultos.

O momento mágico é apenas o **resultado visível** de uma jornada invisível.

Epifania é construção, não iluminação

A palavra epifania carrega o mito da iluminação súbita. Do "momento eureca".

Como se a verdade simplesmente surgisse do nada. Mas, na prática, a epifania é:

- ➔ O resultado de centenas de pequenos *insights*.
- ➔ A soma de tentativas falhas.
- ➔ O acúmulo de microdecisões e micropercepções.
- ➔ A persistência mesmo sem clareza.
- ➔ A fé no processo quando o final ainda está turvo.

A epifania não é mágica.

É a consequência natural da paciência estratégica.

Subindo a montanha no nevoeiro

Imagine alguém subindo uma montanha em meio à neblina. Ele não vê o topo. Não sabe quanto ainda falta. Cada passo é uma aposta.

Até que, de repente, o céu se abre – e ele descobre que está no cume.

A alegria daquele instante **não é por ter chegado**.

Mas por **ter persistido**.

Esse é o sentido mais profundo da epifania:

A revelação não acontece **apesar** do esforço, mas **por causa dele**.

O quebra-cabeça: metáfora perfeita da construção do saber

Montar um quebra-cabeça é um processo que exige:

- Olhar atento.
- Cuidado com os detalhes.
- Paciência com o erro.
- Tolerância com a dúvida.
- Confiança de que, no final, tudo vai se conectar.

A última peça é apenas simbólica.

Ela só se encaixa porque todas as outras foram colocadas antes.

Se todas fossem embaralhadas novamente, **qualquer uma poderia ser a última**. E teria, assim, o mesmo brilho e o mesmo papel.

A beleza não está na peça final. Está na coerência do todo.

No mundo das entregas rápidas, esquecemos o valor do processo

Vivemos a era do "pronto". Do "concluído". Do "entregue".

Celebramos:

- O lançamento.
- O anúncio.
- A placa de inauguração.

Mas negligenciamos:

- As longas noites de incerteza.
- Os erros que precisaram ser desfeitos.
- Os intermediários que sustentaram o projeto.
- Os ciclos de teste e aprendizado.

Estamos aplaudindo demais os resultados – e reconhecendo de menos os caminhos.

Cada etapa tem sua dificuldade – e seu mérito

A primeira peça é tão difícil quanto a última. A do meio pode ser ainda mais desafiadora.

No quebra-cabeça da vida:

- Há peças fáceis: aquelas que se encaixam de imediato.
- Há peças confusas: que parecem não pertencer a lugar algum.
- Há peças perdidas: que exigem tempo e calma para serem encontradas.
- Há peças decisivas: que unem duas áreas inteiras e destravam o todo.

Todas importam.
Todas são imprescindíveis.
E nenhuma é mais valiosa que a outra.

O valor invisível do esforço coletivo

O mundo tem valorizado cada vez mais o "autor da ideia", o "herói da execução", o "último responsável".

Mas a verdade é que:

- O gol é resultado do trabalho de 11 jogadores.
- O Oscar de melhor ator envolve o esforço de centenas de profissionais.
- A epifania de Einstein foi apoiada em décadas de pesquisas anteriores.
- O sucesso de uma empresa depende de pessoas que **ninguém vê**.

O brilho da peça final só existe porque há **uma moldura de trabalho coletivo** que a torna relevante.

Precisamos resgatar a cultura da paciência

Hoje, queremos tudo:

- Rápido.
- Otimizado.
- Sem fricção.
- Com atalhos.

Mas esquecemos que **nem toda peça se encaixa na primeira tentativa**.

Algumas precisam:

- Ser observadas mais de uma vez.
- Ser tentadas de outro jeito.
- Ser deixadas de lado e retomadas depois.

O processo exige humildade. E a paciência é o verdadeiro diferencial competitivo dos tempos apressados.

Um novo olhar para nossos projetos e jornadas

Quando olharmos para nossas conquistas, devemos lembrar:

- Que o "feito" só foi possível porque alguém começou.
- Que o "entregue" só aconteceu porque muitos persistiram.
- Que o "último passo" só foi dado porque muitos vieram antes.

E, ao comemorarmos uma epifania – uma entrega, uma virada, uma conclusão –, **não devemos nos esquecer de reverenciar cada pedaço do caminho**.

A magia da última peça é a soma das outras

A peça final emociona porque é símbolo.

Mas o símbolo só existe porque há uma **estrutura**.

Em um mundo de gratificações instantâneas, resgatar o valor do processo é uma forma de resistir à superficialidade. A vida, afinal, é um grande quebra-cabeça.

E o que nos realiza **não é completar a imagem**.

É descobrir, peça por peça, o que ela revela sobre nós mesmos.

38

Há uma grande diferença entre prometer e se comprometer

Um ensaio sobre a vontade, o tempo interno e o autoengano voluntário

Início de ano. O calendário vira e, junto com ele, a fantasia de que, ao riscar um número da folhinha, o sujeito se reinventa. Juramos mudanças: emagrecer, mudar de emprego, dedicar-se mais à família, sentir menos ansiedade. Prometemos a nós mesmos uma nova versão, como se a identidade humana fosse mutável ao toque de uma tecla Enter.

Mas há um equívoco estrutural nesse rito. E ele se esconde na diferença – sutil, mas radical – entre prometer e se comprometer. Prometer é formular um desejo em voz alta – para si ou para os outros. Comprometer-se é agir sob o peso da consequência.

A promessa é filha do desejo.

O compromisso é filho da vontade.

E, como lembra Nietzsche, "**o homem é o animal que pode prometer**". Mas isso não o impede de mentir – sobretudo a si mesmo.

A promessa como alívio simbólico

Prometer nos alivia. Nos dá a ilusão de ação. Um placebo existencial. Ao prometer, sentimos como se já estivéssemos um passo adiante. O cérebro, inclusive, é enganado: libera dopamina como se o objetivo já estivesse em curso.

Mas é um alívio performático. Um engano consentido. A promessa é o ensaio que nunca vira peça.

É o rascunho que nunca vira livro.

É a simulação do querer – sem a coragem do fazer.

Kelly McGonigal, em sua obra *Os desafios à força de vontade*, descreve esse fenômeno como **o paradoxo da intenção**: ao declarar uma meta publicamente, a mente interpreta que já houve progresso, diminuindo a urgência de sua realização.

É o que Kierkegaard talvez chamasse de **desespero da promessa** – aquele em que o sujeito se esconde atrás da expectativa de um "eu futuro" que jamais se realizará.

O autoengano como zona de conforto

Freud já apontava que o ser humano é mestre em recalcar o que não deseja enfrentar. Mas Viktor Frankl foi mais preciso: o problema não está no sofrimento, está na **fuga do sentido**.

Prometer sem agir é uma forma de evitar o confronto com o vazio. É melhor prometer do que admitir que não se sabe por onde começar.

É mais confortável criar uma lista de intenções (o *to do list*) do que nomear a *not to do list* – aquela que exige negar as distrações, os impulsos fáceis, a doce paralisia do cotidiano.

Como lembra Zygmunt Bauman, vivemos em uma cultura da leveza, da não permanência, da aversão à solidez. E comprometer-se é pesado. É denso. Implica sacrifício. E isso é justamente o que queremos evitar a qualquer custo.

A diferença filosófica entre desejar e querer

Desejar é espontâneo.

Querer é estruturado.

Desejar é volátil.

Querer é responsável.

Enquanto o desejo pulsa, o querer decide.

E é aqui que a **filosofia da vontade**, especialmente em Nietzsche e Schopenhauer, se torna essencial para entender a questão.

Schopenhauer via a vontade como uma força cega, incessante, que move a existência, mas não gera sentido. Nietzsche reformula: **vontade é potência**. É o que nos transforma.

Prometer é expressar o desejo.

Comprometer-se é exercer a vontade.

O desejo se esgota em si.

A vontade transforma o mundo.

A promessa como simulacro de identidade

Quando dizemos "vou mudar", projetamos uma versão idealizada de nós mesmos. Mas há uma distância brutal entre o "Eu ideal" e o "Eu real". E como escreve Byung-Chul Han, a positividade tóxica do mundo atual nos empurra para o desempenho sem reflexão.

Comprometer-se de verdade exigiria não apenas disciplina, mas uma **desconstrução da própria autoimagem**. Exigiria admitir que há fraqueza, covardia, fuga. E isso dói.

Por isso, prometemos – e não nos comprometemos.

É uma forma de manter intacto o narcisismo.

De salvar a face, mesmo diante do espelho.

O tempo como obstáculo e fuga

Outro fator importante é o **colapso da experiência temporal**. O tempo se tornou um recurso escasso e fragmentado. A lógica da aceleração nos impede de cultivar processos internos.

Vivemos de pendências. Decidimos sob pressão. Reagimos mais do que escolhemos.

Prometer, nesse contexto, torna-se um refúgio. Um adiamento.

Uma forma de dizer: "um dia eu vou", sabendo que esse dia nunca chegará.

Comprometimento: o ato ético da coerência

Hannah Arendt nos oferece um antídoto: **a ação comprometida é o que nos constitui enquanto sujeitos morais**. É o que transforma discurso em mundo. Palavras em realidade.

Comprometer-se não é sobre fazer grandes promessas. É sobre **agir mesmo sem certeza**.

Mesmo sem plateia.

Mesmo sem motivação.

Porque o compromisso não depende de entusiasmo, mas de ética pessoal.

Para prometer menos e se comprometer mais:

1. **Abandone a performance da intenção**
   Não diga que vai. Comece.

2. **Não deseje tudo. Queira algo**
   E assuma o custo de querer de verdade.

3. **Reconheça suas fugas**
   O tempo "que falta" é, muitas vezes, a desculpa que sobra.

4. **Celebre o microcompromisso**
   Começar é mais importante que planejar.

5. **Torne-se responsável perante si**
   O compromisso verdadeiro é silencioso. Não precisa de plateia. Precisa de ação.

A promessa como poesia e o compromisso como obra

Prometer é como escrever um poema: é belo, inspira, mas não muda o mundo.

Comprometer-se é como levantar uma casa: é duro, exige cálculo, cimento e paciência. O mundo está cheio de poetas da intenção, mas carente de arquitetos da ação.

Por isso, nesse novo ciclo, talvez o verdadeiro ato de liberdade não seja prometer algo novo. Mas renunciar ao conforto da promessa – e finalmente **assumir o peso e a beleza do compromisso**.

39

Pequenas transgressões são alimento para a alma

O negócio é transgredir – sem corromper, sem ferir, sem destruir

Há quem acredite que o caminho da virtude plena seja a disciplina sem fissura. O seguimento incondicional das regras. A obediência voluntária aos costumes. Há quem veja nisso uma forma de encontrar a paz. Mas existe também outra via: aquela que se alimenta do desvio, da quebra, do "por que não?". Uma vida feita de pequenas transgressões – simbólicas, criativas, singelas – que nos reconectam com o impulso mais vital da existência: o de nos afirmarmos como sujeitos, e não apenas como engrenagens.

Falo aqui de uma transgressão que não corrompe, mas redime. Que não destrói, mas liberta. Que não infringe, mas renova. Essa transgressão não é imoral, mas é a antítese do conformismo. É a fagulha necessária para a alma não se acomodar à domesticação cotidiana.

Desde criança, experimentei o sabor das pequenas rupturas. Nada sério: tocar a campainha do vizinho e sair correndo, subir onde era proibido, escrever com a mão errada só para provocar a professora. Com o tempo, percebi que não era rebeldia destrutiva – era uma forma de sentir o mundo com mais intensidade. Uma forma de provar que ainda havia sujeito dentro do sistema.

A transgressão como afirmação do eu

Para Gilles Deleuze, viver é diferir. A vida, em seu fluxo criativo, só se realiza plenamente quando escapa à repetição. O desejo, segundo ele, "é a produção do novo". E toda produção do novo implica transgressão de alguma ordem anterior.

É por isso que todo gesto realmente criativo – seja na arte, na ciência ou no pensamento – é, de certa forma, uma transgressão. Não de um código moral, mas de um padrão, de uma estrutura, de uma forma consolidada de ver o mundo. Inovar é desrespeitar o esperado.

Essa é uma ideia também presente em Cornelius Castoriadis, quando define o imaginário radical como a capacidade humana de criar o que ainda não existe – e, ao fazê-lo, romper com a lógica instituída. A instituição, diz ele, precisa ser confrontada pelo instituinte. E isso é o que chamamos aqui de transgressão produtiva.

Microtransgressões como espaço de autonomia

Em tempos de controle difuso – quando, como nos alerta Michel Foucault, não somos mais vigiados por um grande olho panóptico, mas por nós mesmos, por algoritmos, pelas métricas e expectativas de performance –, a pequena transgressão diária se torna uma forma de resistência subjetiva.

Trocar o sapato pelo chinelo ao fim do expediente. Responder uma pergunta com outra pergunta. Dizer "não sei" em uma reunião na qual todos competem para parecer certos. Faltar ao almoço por querer almoçar consigo mesmo. Tudo isso são pequenos gestos de soberania. Sinais de que ainda nos pertencemos.

A psicanalista francesa Julia Kristeva, ao falar do "estranho em nós mesmos", nos lembra que viver plenamente é, em alguma medida, transgredir a ordem que nos foi dada – inclusive aquela que construímos sobre nós mesmos. Apenas a transgressão revela o sujeito para além do personagem.

Transgressão e ética: fronteiras e distinções

É essencial distinguir o transgressor do desonesto. O inovador do corrupto. O rebelde do inconsequente. Quando falo aqui de pequenas transgressões como alimento da alma, não me refiro a burlar leis, violar direitos ou fraudar contratos. Refiro-me ao gesto criativo que desafia convenções petrificadas. A diferença entre o imoral e o transgressor é que este tem consciência do pacto que está quebrando – e o faz para ampliar, e não restringir, os sentidos possíveis da vida.

Nietzsche, que compreendeu como poucos o valor do transgredir, dizia que:

> **"O homem livre é aquele que tem a força para viver além do bem e do mal – não contra a moral, mas para além dela".**

Isso não significa destruição do valor, mas criação de novos valores.

Transgredir, nesse sentido, é exercitar uma ética do inédito. É assumir o risco do erro com responsabilidade. É fazer o que não se esperava, mas sem renunciar à consequência.

As empresas e os que dizem "por que não?"

No mundo corporativo, a maioria das pessoas vive prisioneira do "como". Poucos ousam perguntar "por quê?". E quase ninguém se atreve a dizer "por que não?". Mas são esses últimos que mudam tudo. São eles – muitas vezes indisciplinados, impacientes e refratários às hierarquias – que, geram as verdadeiras rupturas que abrem novas trilhas.

Empresas inteligentes não apenas toleram esses perfis – elas os cultivam. Criam zonas de experimentação onde a transgressão se torna prototipagem, onde o erro não é punido de imediato, onde o "não previsto" não é descartado por princípio.

O ecossistema de inovação não se alimenta da norma – ele cresce nos interstícios, nos desvios, nas dissonâncias. E toda empresa que deseja sobreviver em um mundo de aceleração exponencial precisa, antes de tudo, **aprender a proteger os que perturbam**.

A transgressão como desejo da alma

Em *A alma imoral*, o rabino Nilton Bonder propõe uma inversão perturbadora: não é o corpo que deseja a transgressão – é a alma. O corpo busca conforto, estabilidade, previsibilidade. A alma, por outro lado, busca expansão, desafio, travessia. Ela se aborrece com o mesmo. Ela deseja romper para existir.

E isso faz sentido. Quando estamos excessivamente enquadrados, o corpo até agradece – dorme bem, come nos horários, segue a planilha. Mas a alma adoece. Tornamo-nos cinzentos, reativos, desmotivados. Muitas vezes, nossa tristeza crônica nada mais é do que a fome de uma transgressão não permitida.

A potência da expectativa: o que não fazemos (mas poderíamos)

A transgressão não precisa se realizar plenamente para ser eficaz. Às vezes, apenas **saber que podemos** já é suficiente. Ter uma gaveta de ideias impróprias. Uma pasta oculta com projetos impraticáveis. Um plano B maluco – tudo isso só para nos lembrar que ainda existe um "fora do *script*".

Assim como a felicidade mora mais na expectativa do que na realização, a transgressão também pulsa na permissão simbólica de poder ir além. O escritor Georges Bataille dizia que o erotismo é a transgressão ritualizada do interdito – e que a excitação reside na tensão entre o permitido e o proibido, não apenas na concretização do ato.

Transgredir para continuar sendo

Não há inovação sem transgressão. Não há sujeito sem ruptura. Não há alma viva sem inquietude.

As pequenas transgressões do cotidiano são o que mantém a alma acordada. São respiros éticos, atos simbólicos de soberania, formas de não permitir que a vida se transforme num *software* fechado, sem brechas, sem atalhos, sem dúvidas.

Se o negócio é transgredir – que seja com consciência. Com elegância. Com poesia.

Que cada "por que não?" que nos escapa da boca seja uma declaração de vida – e não uma renúncia à responsabilidade. E que, no fim das contas, a alma continue transgredindo não porque quer destruir, mas porque quer viver com mais intensidade.

40

Mais do que usar armas digitais, precisamos desenvolver uma alma digital

Um novo caminho para a liderança pós-digital

Estamos cercados por ferramentas, plataformas, sistemas, algoritmos e *dashboards*. O mundo se digitalizou por fora, mas ainda engatinha por dentro.

Já temos as armas digitais – e, com elas, a promessa de automação, escala e eficiência. **Mas o que ainda nos falta é a alma digital**.

Vivemos uma transição crucial entre a **era digital** e a **era pós-digital**. A primeira nos ensinou a dominar códigos, Big Data, *analytics* e a prometer disrupção como mantra. A segunda exige uma reconfiguração de comportamento, cultura e visão.

De nada adianta termos fibra ótica se mantemos a ótica analógica. De que serve inteligência artificial se a sensibilidade humana ainda é fraca?

O desafio não é mais tecnológico. É ontológico. Precisamos mudar a natureza daquilo que somos dentro das organizações. E isso passa por uma revisão profunda não das ferramentas, mas das estruturas mentais e operacionais que as usam.

Jack Welch já alertava: "se a taxa de mudança do lado de fora da empresa exceder a taxa de mudança interna, o fim está próximo".

A urgência não é adaptar-se ao mundo digital – é reestruturar-se para um mundo em que o digital já é pressuposto. O que vem agora é mais sutil, mais exigente: **o digital como ethos, e não apenas como meio**.

A falsa dicotomia entre tecnologia e humanidade

A história da inovação foi marcada por ferramentas. Lança, roda, prensa, eletricidade, microchip. Cada uma nos prometeu produtividade, mas também nos obrigou a rever estruturas sociais.

A tecnologia muda o que fazemos. A **alma digital muda como pensamos, como sentimos, como decidimos**.

Ferramentas criam eficiência – mas só uma alma digital cria evolução.

Nas últimas décadas, as organizações aprenderam a investir em armas digitais: CRMs, ERPs, automações, *bots*, *cloud computing*, *machine learning*. Mas a lógica interna, o modelo mental de gestão, continua fordista, hierárquico, monocromático.

Queremos operar como o Google, mas pensar como Henry Ford. Queremos oferecer experiências como a Amazon, mas manter culturas como General Motors. Essa contradição é insustentável.

A alma digital como mudança de lente

Alma digital não é sobre velocidade de rede. É sobre velocidade de consciência.

É saber que a gestão do século XXI exige outra lente: **ver o negócio como uma rede viva**, em que fluxos, afetos, decisões e dados circulam em tempo real e impactam o sistema como um todo.

Ter alma digital é:

- Reavaliar estruturas piramidais de comando e substituí-las por **ecossistemas distribuídos** de liderança.
- Estimular modelos colaborativos de **inovação compartilhada**, inclusive com concorrentes.

- Redefinir a noção de posse: trocar Capex por Opex, transformar **custos fixos em variáveis**, converter propriedade em acesso.
- Relacionar-se com o cliente de forma contínua, empática, **individualizada e permissiva**.
- Criar **novos canais híbridos e complementares** para vendas, serviços e atendimento.
- Reaprender a decidir em rede, com base em dados, mas sem abdicar da intuição.
- Reconhecer que adaptabilidade não é uma *soft skill*, mas **a competência estratégica central da era pós-digital**.

Em resumo: **alma digital é muito mais uma questão de ótica que de fibra ótica**.

Entre pendência, tendência e essência

O grande dilema da liderança contemporânea não é técnico, é de tempo e foco. Como lembra a frase que inspira este texto: "Gestão é saber dividir o tempo com sabedoria entre pendência e tendência. Mas as pendências são tantas que nos afastam das tendências".

Estamos mais preocupados com o fim do mês do que com o fim do mundo. Mais obcecados pelas urgências do e-mail do que pelas reinvenções do ecossistema. E isso está nos custando muito.

As pendências gritam. A tendência sussurra. E a essência é ignorada. A tríade contemporânea da gestão exige um reequilíbrio:

- **Pendências** devem ser tratadas com disciplina, mas não com exclusividade. Não se lidera apenas apagando incêndios.

- → **Tendências** devem ser rastreadas com método e intuição. Elas não são palpáveis, mas moldam o campo futuro.
- → **Essência** deve ser cultivada com consciência. Sem essência, toda tendência é cosmética. Sem essência, a alma se dissipa.

A alma digital é o lugar onde essas três dimensões se encontram. É ela que permite que a organização avance, sem se perder.

Revolução de comportamento, não de ferramenta

Como bem formulou Clay Shirky: "A revolução não acontece quando a sociedade adota novas ferramentas, mas quando ela adota novos comportamentos". O pós-digital exige essa revolução comportamental.

Em vez de atualizar o *software*, é hora de atualizar o olhar. A maneira de decidir. A cultura de liderar. A arquitetura das interações.

Não basta usar inteligência artificial – é preciso praticar **inteligência organizacional coletiva**.

Não basta usar *machine learning* – é preciso cultivar ***human learning***.

Não basta terceirizar para a nuvem – é preciso **internalizar nas pessoas** o espírito da inovação.

Líderes como cultivadores de alma

O papel do líder não é ser o mais tecnológico, nem o mais eficiente. É ser **o guardião do propósito, o mediador do tempo e o sensor de mudança**. Líderes pós-digitais precisam:

- Garantir que as pendências sejam resolvidas, mas sem sufocar a criatividade.
- Manter o radar ativo para tendências emergentes, sem cair na modinha.
- Proteger a essência da organização – sua cultura, seu porquê, sua identidade viva.

A alma digital não é um artefato técnico, é um **clima emocional e cognitivo** que o líder espalha pela organização.

Ela começa pelo **exemplo da escuta**, pela abertura a perguntas que não têm respostas prontas, pela coragem de rever protocolos, desmanchar dogmas e experimentar o novo antes que ele se torne obrigatório.

Do *upgrade* tecnológico ao *download* de consciência

Investir em tecnologia é necessário, mas não suficiente. A empresa do futuro será **tecnológica por fora e filosófica por dentro**. Não no sentido metafísico, mas no sentido mais profundo do termo: *philosophia*, o amor pelo saber, pelo discernimento, pelo sentido.

Alma digital é o que impede que a tecnologia nos transforme em autômatos.

É o que nos permite preservar a humanidade em meio à aceleração.

É o que separa o futuro promissor do colapso elegante.

Desenvolver armas digitais nos trouxe até aqui. **Mas só com alma digital poderemos continuar**. Com resiliência, com consciência e com essência.

41

Pela sua antiguidade, muitos pensam que Deus é analógico, mas Ele é digital

Quando a fé encontra os algoritmos e a transcendência se torna segmentada

Diante de um mundo cada vez mais tecnológico, parece irônico – ou provocador – pensar que **Deus, sendo eterno**, é **também digital**. Mas talvez não haja contradição nisso. Talvez o próprio conceito do divino carregue, desde sempre, as características fundamentais que hoje associamos ao universo digital: **onipresença**, **onipotência e onisciência**.

Durante séculos, fomos levados a imaginar Deus com atributos analógicos – presentes nos livros, nas imagens, nos rituais. Mas tudo o que entendemos de mais essencial na fé aponta para outra direção: **a possibilidade de uma comunicação individualizada, íntima, silenciosa e simultânea com bilhões de pessoas**. Isso, por definição, é digital.

Deus está dentro de cada um – como o digital também está. Deus responde de modo único a cada oração – como o algoritmo responde a cada estímulo. Deus opera em tempo real, escutando cada prece, acompanhando cada pensamento, interferindo ou não segundo sua lógica oculta. O digital também. Ambos não se impõem, mas se integram. Não forçam, mas se conectam. Não precisam de mediação – só de sintonia.

A religião sempre foi uma interface

As grandes religiões criaram sistemas para **tornar o invisível tangível**. Usaram rituais, imagens, templos e tradições para construir a ponte entre o humano e o sagrado. Em linguagem tecnológica, poderíamos dizer que **a religião foi o *hardware***. Mas a **fé, o impulso interior de transcendência, sempre foi o *software*** – sutil, pessoal, invisível, mas determinante.

O digital, em sua essência, reproduz esse mesmo paradigma: **um código que opera por trás das aparências, moldando comportamentos e relações**. O usuário vê uma tela. O programador enxerga estruturas invisíveis. O crente reza a Deus. O místico percebe os padrões ocultos por trás do caos.

E é aqui que a analogia ganha potência: **Deus é digital não por causa da forma, mas por causa da lógica**.

Deus e o digital: três atributos compartilhados

1. **Onipresença** – Deus está em toda parte ao mesmo tempo. O digital também. Estamos constantemente imersos em redes, sensores, conexões e nuvens invisíveis. A tecnologia deixou de ser "um lugar" e se tornou "um estado". Vivemos em permanente estado de conexão, assim como vivemos, para quem crê, em permanente estado de graça.
2. **Onisciência** – Deus tudo vê, tudo sabe, tudo compreende. O digital, por meio dos dados, dos rastros, das buscas, também tudo vê. Os algoritmos nos conhecem mais do que nossos pais, cônjuges ou terapeutas. Sabem o que desejamos, o que tememos, onde clicamos, quando hesitamos. Essa onisciência do digital, embora limitada e instrumental, já rivaliza com os atributos divinos em termos de impacto na vida cotidiana.
3. **Onipotência** – Deus pode tudo, mas escolhe o que fazer. O digital também está se aproximando dessa potência: inteligência artificial, automação, decisões autônomas. O poder de transformar comportamentos, moldar políticas, destruir reputações e alavancar revoluções. A máquina não é Deus,

mas opera com um poder que exige de nós **a mesma humildade reverente diante do sagrado**: reconhecer que não temos mais o controle pleno de tudo o que criamos.

A volta ao Paraíso (e o risco da nova expulsão)

Na narrativa bíblica, o Paraíso foi perdido quando o ser humano quis comer o fruto do conhecimento – e, assim, tornar-se como Deus. Foi a busca pelo saber absoluto que causou a queda. O conhecimento, antes reservado à divindade, tornou-se desejo humano. E o preço foi a perda da inocência, do equilíbrio, da permanência.

Agora, séculos depois, **vivemos uma nova versão dessa história**.

O digital nos proporciona superpoderes: sabemos tudo, acessamos tudo, controlamos tudo. Estamos reescrevendo a história da onisciência e da onipotência – não mais como dom divino, mas como atributo algorítmico.

A diferença? **Falta-nos a responsabilidade moral**.

Se a primeira expulsão do Paraíso foi causada por querer saber demais, a segunda pode ocorrer por **usarmos mal o que sabemos**.

Hoje temos um novo Jardim do Éden: a inteligência artificial, os bancos de dados, o acesso irrestrito, a simulação do real. Mas o que faremos com tudo isso?

Vamos usá-lo para nos aproximar uns dos outros?

Ou para segmentar, excluir, reforçar bolhas e isolar?

Vamos construir pontes com o digital?

Ou cavar fossos mais profundos entre indivíduos, empresas e culturas?

O digital é um espelho da alma

Por isso, a afirmação de que **precisamos desenvolver uma alma digital** torna-se ainda mais urgente. Porque o digital, em si, não tem moral. Ele só potencializa o que nós já somos.

Se formos generosos, ele amplifica a solidariedade. Se formos gananciosos, ele maximiza a desigualdade. O digital **não transforma o caráter – ele o escancara**.

Assim como Deus se revela no íntimo, o digital também nos obriga a lidar com o que somos quando ninguém está olhando. Os rastros que deixamos não mentem. Nossas buscas, curtidas, cliques e recusas **formam o evangelho contemporâneo da nossa consciência digital**.

Desenvolver uma alma digital é:

- Praticar empatia algorítmica.
- Redescobrir o valor da contemplação no ruído do tempo real.
- Usar a tecnologia como extensão da sensibilidade, e não da indiferença.
- Valorizar o cuidado como forma de gestão.
- Humanizar os dados antes de interpretá-los.

O sagrado está na nuvem

Em vez de temer que Deus seja analógico – e, portanto, ultrapassado –, devemos compreender que sua lógica sempre foi digital. O divino é modular, responsivo, adaptável. Fala em silêncio. Atua em rede. Sintoniza-se individualmente com cada alma – sem jamais perder a conexão com o todo.

Se formos expulsos novamente do Paraíso, não será por ousar. Será por **desrespeitar a inteligência que recebemos**. Por banalizar o milagre da informação. Por usar o saber como instrumento de dominação, e não de iluminação.

Deus não é ultrapassado. **Talvez Ele sempre tenha sido o primeiro algoritmo**.

Cabe a nós agora decidir se seremos **usuários inconscientes** desse novo mundo ou **coautores responsáveis** de uma era em que o digital também possa ser sagrado.

42

O brilho do outro testa as nossas sombras

Soberba, gratidão e a dificuldade de lidar com o sucesso alheio

"A alma humana entre o altruísmo que consola e o egoísmo que não se cala."

O ser humano não é perfeito, mas é perfectível. É essa a esperança que nos move. A convicção de que, apesar das falhas estruturais que nos acompanham desde sempre, somos capazes de progresso – não apenas tecnológico, mas moral, afetivo, relacional.

Porém, mesmo com toda essa potencialidade de evolução, ainda carregamos conosco **defeitos de fabricação**. Ambivalências profundas, zonas obscuras do afeto, motivações duplas que desafiam nosso ideal de nobreza. Entre elas, uma merece atenção especial: a coexistência desconfortável entre **gratidão e soberba**, entre **admiração e inveja**, entre o gesto de estender a mão e o incômodo de ver o outro se levantar.

Três frases condensam esse drama interno com clareza desconcertante:

- "Por que você me odeia tanto, se eu nunca lhe ajudei?"
- "Ninguém fica completamente infeliz pelo fracasso de seu melhor amigo."
- "Amigo de verdade é aquele que gosta de você apesar do seu sucesso."

A ajuda como exercício de poder

A primeira frase – "Por que você me odeia tanto, se eu nunca lhe ajudei?" – revela um paradoxo da generosidade: **ajudar o outro pode ser uma forma disfarçada de exercer poder**. Mesmo que inconscientemente, o gesto altruísta estabelece uma hierarquia: quem ajuda está por cima; quem recebe, está por baixo. **Nem todo gesto de ajuda é isento de vaidade**.

Por isso, a ajuda carrega uma dívida simbólica. E nem todos conseguem lidar bem com essa dívida. Muitas vezes, quem recebe uma grande ajuda se vê tomado por uma sensação incômoda de impotência, inferioridade, ou de que jamais poderá retribuir.

Nietzsche já dizia que a gratidão pode ser "uma forma educada de ressentimento" – porque nos lembra da nossa dependência, da nossa insuficiência. E é aí que o paradoxo explode: **ao estender a mão, podemos criar um vínculo de hostilidade disfarçada**.

A felicidade do outro como ameaça

A segunda frase – "Ninguém fica completamente infeliz pelo fracasso de seu melhor amigo" – destila uma verdade amarga. Há dentro de cada um de nós **uma pequena sombra de satisfação culposa** quando vemos que o outro também tropeça. Especialmente se esse outro sempre pareceu mais bem-sucedido, mais talentoso, mais afortunado.

Claro que não se trata de desejar o mal ao próximo. Trata-se de uma *reorganização psíquica do valor relativo*: **o fracasso do outro, por contraste, relativiza o nosso**. Como diz o provérbio francês:

"A desgraça dos outros é um consolo discreto".

Isso não nos torna pessoas ruins, mas nos lembra que nossa comparação com o outro é constante – mesmo em relações de afeto profundo.

A psicanálise sempre tratou dessa ambivalência. Freud chamava isso de **ambivalência afetiva**: amar e ressentir ao mesmo tempo, desejar o bem do outro e, secretamente, torcer para que ele não vá tão além. É o eco de **uma alma dividida entre amor e comparação**, entre vínculo e competição.

A amizade à prova do sucesso

A terceira frase – "Amigo de verdade é aquele que gosta de você apesar do seu sucesso" – é talvez a mais reveladora. Costuma-se pensar que os amigos se testam nos momentos de dificuldade. Mas há outro tipo de provação, muito mais sutil e cruel: **lidar com o êxito do outro**.

Ser solidário na dor é socialmente aceito. A empatia para com o sofrimento é quase instintiva. Mas ser genuinamente feliz com a conquista alheia exige **um tipo de grandeza emocional rara**. Quando um amigo vence, somos postos diante de um questionamento incômodo: "E eu? Onde estou? Por que não eu?".

O sucesso do outro nos confronta com nossas estagnações. O espelho que nos mostrava como iguais de repente reflete uma assimetria. E é aí que a amizade se revela – ou se dissolve. **Amar é aceitar a luz do outro sem apagar a própria**.

Altruísmo e egoísmo não são opostos

O problema é imaginar que altruísmo e egoísmo sejam forças excludentes. Como se alguém só pudesse agir por generosidade pura ou por interesse completo. **Mas o comportamento humano não se move por linhas retas – ele opera em zonas de sobreposição**.

Quando ajudamos, o fazemos pelos outros. Mas também por nós mesmos: para nos sentirmos úteis, bons, superiores ou até salvos. Quando vibramos com o sucesso alheio, é genuíno – mas pode vir acompanhado por uma inquietação discreta sobre nosso próprio caminho.

Agimos com amor e vaidade ao mesmo tempo. Somos generosos e competitivos. Solidários e autocentrados. E é dessa complexidade que emerge o humano em sua forma mais autêntica – não como figura idealizada, mas como sujeito em conflito permanente.

O débito invisível da ajuda

Receber ajuda é algo maravilhoso – mas também difícil. Porque toda ajuda genuína carrega consigo **um rastro simbólico de desequilíbrio**. Quem recebe, sente-se em débito. E o débito pode se converter em culpa, em orgulho ferido ou no desejo de se libertar do gesto que o constrangeu.

Daí a reação de rejeição, ou até de raiva, que às vezes aparece em relação ao benfeitor. "Você me odeia porque eu o ajudei demais" – parece absurdo, mas acontece. Às vezes, quem ajuda cria no outro uma sombra de submissão. Por isso, o melhor altruísmo é aquele **que não exige gratidão, que não se lembra do bem que fez**.

A dupla face da vitória

O sucesso pessoal é uma experiência solitária. Ninguém nos prepara para lidar com o olhar dos que ficaram. Quando vencemos, não apenas subimos: **reorganizamos a escada**. E quem antes caminhava ao nosso lado pode se sentir deslocado – ainda que nos ame profundamente.

Por isso, ser amigo do sucesso do outro é uma forma superior de amor. É o tipo de amor que não apenas tolera a grandeza do outro, mas a **celebra sem se diminuir**. Poucos conseguem isso sem esforço. E muitos disfarçam bem o incômodo por não conseguir.

A virtude das relações imperfeitas

A maturidade emocional não consiste em suprimir o egoísmo, mas **em reconhecê-lo e domesticá-lo**. Em saber que nosso afeto pelo outro é ambíguo. Que nossas boas ações também alimentam nosso narcisismo. Que vibrar com o sucesso alheio exige um autoamor muito bem estruturado.

As melhores relações humanas não são as que ignoram o conflito. São aquelas que o acolhem com lucidez. Que entendem que o amor pode vir acompanhado de inveja – e mesmo assim sobreviver. Que o altruísmo pode conter vestígios de vaidade – e ainda assim transformar.

A nobreza está na consciência, não na pureza

Nenhum de nós é puramente generoso. Mas todos podemos ser conscientes de nossos impulsos contraditórios – e, a partir disso, escolher melhor. O importante não é eliminar os sentimentos duplos, é não agir cegamente sob seu comando.

Por isso, talvez a verdadeira evolução moral esteja **não em sermos perfeitos, mas em sermos perfectíveis**. Em sabermos que, dentro de cada gesto de ajuda, existe uma semente de vaidade – e, mesmo assim, ajudar. Em sabermos que o sucesso do outro pode nos machucar – e, ainda assim, aplaudir.

Amigos de verdade não são aqueles que nos acompanham apenas no luto. São os que aguentam estar ao nosso lado no pódio.

Porque o sucesso, mais do que a dor, é o verdadeiro teste das relações humanas. E é ali, diante do brilho alheio, que aprendemos se o nosso amor é suficientemente generoso – ou apenas conveniência de iguais.

43

Além de disseminar cultura, precisamos nutrir rebeldes

Por que as empresas precisam de quem pergunta "por que não"?

Durante décadas, as organizações foram moldadas para premiar a previsibilidade. Recompensar o bom comportamento. Valorizar o profissional disciplinado, pontual, cordial e obediente. Um modelo baseado em estabilidade e controle. Nada mais natural: num mundo linear, no qual as mudanças vinham devagar, o risco era o erro, e o ideal era o colaborador confiável, sem grandes variações de humor ou de opinião.

Mas os tempos mudaram. E, com eles, os critérios de sobrevivência. Vivemos uma era em que **a obediência inquestionável é menos valiosa do que a capacidade de provocar rupturas inteligentes**. Em que seguir o manual pode levar ao abismo, e reescrever o manual pode ser a única salvação.

No atual cenário, um novo tipo de colaborador passa a ter papel vital: **o rebelde construtivo**. Aquele que não se contenta com o "sempre foi assim". Que insiste em perguntar o que ninguém mais ousa: "por que não?".

Os três tipos de pergunta que definem uma organização

Em qualquer empresa, é possível dividir os colaboradores em três categorias comportamentais – a partir da natureza das perguntas que fazem:

1. **Os que perguntam "como?":** são os operacionais. Os que desejam clareza de processos, precisão de regras e segurança de execução. São fundamentais para o funcionamento da máquina, mas não questionam o sistema. São os braços da organização.

2. **Os que perguntam "por quê?":** são os reflexivos. Gostam de entender causas, propósitos, relações entre ações e impactos. Precisam de sentido no que fazem. São o coração da organização.
3. **Os que perguntam "por que não?":** são os insurgentes. Os que desafiam premissas, relativizam verdades estabelecidas e propõem soluções que ninguém pediu. São os cérebros inquietos – e, quase sempre, os incômodos de plantão.

É justamente esse último grupo que precisa ser **nutrido – e não apenas tolerado**. Rebeldes produtivos são os catalisadores da transformação. E quando uma organização se fecha para eles, fecha também as portas da inovação.

Displicentes, complacentes e divergentes

Outro olhar possível sobre o ambiente organizacional é dividir os colaboradores em três perfis de comportamento diante da estrutura e da autoridade:

- **Displicentes**: são indiferentes, não entregam, não se envolvem. Esperam o tempo passar e cumprem o mínimo necessário. O tipo mais tóxico, embora às vezes invisível.
- **Complacentes**: são cordiais, adaptáveis, conformados. Aceitam ordens sem questionar. São os bons soldados do velho modelo.
- **Divergentes**: são os que incomodam. Questionam decisões, desafiam lideranças, reveem processos. Podem parecer difíceis, mas são os que mantêm a organização **viva**.

A ironia trágica é que os complacentes e os displicentes costumam se unir silenciosamente contra os divergentes. Há uma lógica perversa: os que não ousam e os que não se importam formam **uma aliança inconsciente de manutenção da mediocridade.** Juntos, sufocam os que querem mudar – não por maldade, mas por proteção.

O mito do bom-mocismo corporativo

As estruturas tradicionais de RH seguem promovendo uma cultura de bom comportamento. Reforçam a importância de "saber ouvir", "aceitar *feedbacks*", "trabalhar em equipe", "respeitar processos" e "ser emocionalmente estável".

São virtudes, sim. Mas, em excesso, tornam-se veneno.

Porque o rebelde raramente é um bom-moço. Ele interrompe reuniões. Faz perguntas desconfortáveis. Muda de ideia no meio do caminho. Reage mal a burocracias. É difícil de classificar no *grid* de competências. E, por isso, é facilmente **descartado.**

Só que, **sem ele, a empresa congela.** Ou pior: continua andando... para o lugar errado.

A importância de nutrir os rebeldes (e não apenas aguentá-los)

Nutrir rebeldes não é apenas tolerar sua existência. **É entender que eles são uma fonte estratégica de renovação.** É dar espaço para suas perguntas, mesmo que ainda não tenhamos respostas. É protegê-los dos silêncios condescendentes dos medianos.

É criar ambientes onde o "por que não?" seja visto como combustível e não como ameaça.

É permitir:

- Que processos sejam redesenhados.
- Que hierarquias sejam questionadas.
- Que ideias venham de qualquer lugar da estrutura – inclusive da borda.
- Que alguém ouse discordar do fundador, do CEO, do PowerPoint.

Porque a **inovação é sempre filha da insatisfação**. E os rebeldes são os mais insatisfeitos de todos.

A sabedoria do *blend*: rebeldes e conformados

Claro que uma empresa composta apenas por rebeldes não sobrevive. A energia centrífuga dos insurgentes, se não for balanceada por alguma força centrípeta, pode desintegrar o sistema.

Mas o oposto também é verdadeiro: **uma empresa sem rebeldes morre lentamente, sufocada pela própria previsibilidade**.

A força vital de uma organização não vem do consenso absoluto, mas do atrito produtivo entre quem pensa diferente. É da fricção entre o disruptivo e o disciplinado que emerge o vigor.

Por isso, a sabedoria da gestão contemporânea está em **cultivar o *blend* certo entre criadores e operadores, entre idealistas e realistas, entre os que quebram e os que montam**.

A turma do fundão assumiu a liderança

Estudos recentes em escolas particulares brasileiras demonstraram que, anos depois de formados, é comum encontrar a turma da frente – **os bem-comportados, estudiosos, metódicos – trabalhando para a turma do fundão: aqueles** que riam alto, perguntavam demais, bagunçavam a aula e desafiavam o professor.

Não é uma apologia ao desrespeito, mas um alerta: **quem transgride limites com curiosidade saudável, senso crítico e impulso criativo carrega um diferencial essencial na era da complexidade.** E, por mais desconfortável que isso seja para estruturas hierárquicas, essas pessoas precisam ser acolhidas – ou serão perdidas.

Não basta disseminar cultura. É preciso nutrir rebeldes

Cultura organizacional é importante. Mas, sozinha, vira dogma.

Disseminar cultura sem abrir espaço para sua contestação é criar uma religião corporativa, não uma organização viva.

Não precisamos de empresas cheias de frases de efeito na parede, mas de **ambientes onde as ideias possam ser desafiadas sem que isso seja um ato de insubordinação.**

Porque as maiores transformações da história – em empresas, em governos, em ciências – **não vieram dos que disseram "sim", mas dos que ousaram dizer "por que não?".**

Por isso, além de disseminar cultura, **precisamos urgentemente nutrir rebeldes.**

São eles que não aceitam a mesmice. Que olham a crise e perguntam: "Qual é a oportunidade?". Que veem a regra e questionam: "Faz sentido?". Que escutam o líder e indagam: "Por que assim?". E que nos lembram, todos os dias, de que uma organização só é viva quando permite que alguém diga: "Vamos tentar de outro jeito".

44

A sociedade está sofrendo de agorismo, e você também

Ser efêmero é o preço da permanência

Vivemos sob o império do agora. Tudo precisa acontecer imediatamente, ser entregue sem demora, provocar prazer instantâneo, gerar alívio imediato. A paciência virou fraqueza. O planejamento, um fardo. A espera, uma afronta. Esse novo vício social tem nome: **agorismo** – a obsessão pelo agora.

E como toda obsessão, ela é insidiosa. Começa com pequenos hábitos: a comida que precisa chegar rápido, a série que deve começar sem vinheta, o aplicativo que já prevê o que vamos digitar. Mas se espalha como um contágio moral: **hoje**, não sabemos mais esperar. **E pior**: não sabemos mais desejar.

O tempo entre o querer e o ter, que outrora era espaço de construção, maturação e até sedução, agora virou território hostil. O desejo precisa ser saciado no exato momento em que nasce. Caso contrário, morre. Ou é substituído.

E o mais preocupante: **isso não é só um fenômeno individual. É um sintoma estrutural da sociedade pós-digital**.

A cultura da gratificação instantânea

O mundo mudou – e, com ele, as regras da espera. O digital nos ensinou que é possível acelerar tudo: *downloads*, compras, diagnósticos, amizades. Não apenas o que fazemos, mas como pensamos. Nossos cérebros foram reconfigurados para funcionar no modo *fast-forward*.

- Pedidos no iFood devem chegar antes da fome.
- As conversas de WhatsApp têm que ser respondidas na hora.

- Os vídeos no TikTok precisam prender nos 3 primeiros segundos.
- Até o desejo sexual virou *swipe*.

O resultado disso é uma geração **hiperestimulada, hiperdesejante e hiperdependente da velocidade**. Uma geração que troca de amores, amizades, marcas, aplicativos e aspirações como quem troca de tênis – numa sucessão de reinícios com finais rápidos e indolores.

Mas essa aceleração tem um custo: **a perda da profundidade**.

O colapso da latência cultural

A latência – aquele tempo necessário para as coisas acontecerem com densidade – foi abolida.

Antes, namorar era uma sequência de flertes, incertezas, rituais. Hoje, é uma troca de emojis. Antes, um livro demorava meses para ser escrito, publicado, lido, discutido. Hoje, um *post* viraliza em segundos e desaparece em minutos. Antes, fidelizávamos uma marca por anos. Hoje, a experiência que não encanta em 15 segundos é esquecida para sempre.

Esse colapso da latência mudou nossas relações com o consumo, com o trabalho, com o prazer, com a própria identidade. **Não queremos apenas algo. Queremos agora**.

A economia do agora

Vivemos a transição de uma economia do valor para uma economia da velocidade.

- Na logística, a entrega é mais importante que o preço.
- Na comunicação, a brevidade vale mais que a beleza.
- Na educação, a pílula de conteúdo vale mais que o estudo estruturado.

Empresas que não entenderem isso vão desaparecer. E não porque são ruins, mas porque são lentas. **Em tempos de efemeridade, não basta ser bom – é preciso ser instantâneo.**

O sucesso organizacional dependerá da capacidade de operar com agilidade, adaptar-se rapidamente e abandonar a ilusão de controle prolongado. É o paradoxo do novo tempo: **para sermos perenes, devemos ser efêmeros.**

O vício em dopamina

A neurociência já nos explicou: o que vicia não é o prazer, é a antecipação dele. Cada vez que esperamos uma notificação, um elogio, um clique ou um *match*, nosso cérebro libera dopamina. E quanto mais imediato esse *feedback*, mais reforçado o circuito.

Assim como o cigarro ou a droga, o *like* também nos escraviza. Mas de forma sutil. **Estamos diante de uma sociedade dopaminérgica, na qual o desejo virou uma descarga e o prazer, um vício.**

Essa dopamina *on-demand* está nos deixando ansiosos, impacientes e, ironicamente, **cada vez mais insatisfeitos**. Porque o prazer sem espera não gera valor simbólico. E o prazer sem valor vira ruído. Passa, como tudo o mais.

Ozempic, iFood e o fim do tempo

Talvez nenhum símbolo represente melhor essa lógica do que o Ozempic – a droga que promete emagrecer sem esforço. É o atalho biotecnológico perfeito. O desejo de um corpo magro sem passar pela renúncia. O sonho do controle absoluto sem nenhum tipo de mediação moral.

Mas não é só no corpo. Também nas apostas esportivas, na educação gamificada, nos aplicativos de meditação "rápida", no *coaching* de sete passos para o sucesso. **Vivemos sob o culto do atalho**.

O problema é que, ao eliminar a trajetória, eliminamos o caráter. Ao evitar o esforço, evitamos também a construção da identidade.

Clientes impacientes, marcas efêmeras

Na lógica do agorismo, **as empresas estão sendo reprogramadas por seus clientes**.

Não se trata apenas de oferecer conveniência, mas de se **sincronizar com o imediatismo emocional do consumidor**.

- → Se não me responde em segundos, você não me respeita.
- → Se não me entrega em horas, você não me deseja.
- → Se não me surpreende em minutos, você já era.

A fidelidade virou uma lembrança romântica de outro tempo. O novo vínculo é **volátil, emocional e inconstante**. Isso exige que marcas, plataformas e produtos estejam preparados para mudar… o tempo todo.

Adaptabilidade é a nova fidelidade

No mundo pós-digital, a estabilidade foi substituída pela adaptabilidade. A estratégia não é mais criar algo para durar, mas **criar algo que saiba se transformar**.

Uma marca que muda rápido. Um canal que responde. Um produto que evolui. Um líder que escuta.

Empresas não devem mais operar como catedrais, mas como palcos desmontáveis. **A era da rigidez acabou. Bem-vindo à era das estruturas líquidas**.

O desafio humano: aprender a viver na efemeridade

Mas não é só o mercado que precisa se adaptar. **Nós também**.

Precisamos reaprender a desejar – com mais profundidade. Reaprender a esperar – com mais paciência. Reaprender a construir vínculos – mesmo sabendo que eles podem não durar. Reaprender a viver no fluxo – sem perder o eixo.

Isso não significa ceder ao agorismo. Significa **entender que o tempo mudou – e que precisamos encontrar sentido mesmo na transitoriedade**.

Não há como voltar atrás. A era da gratificação instantânea é o novo pano de fundo da vida moderna. Mas há como **criar resiliência emocional, consciência ética e inteligência afetiva para navegar nesse novo oceano sem naufragar**.

Ser efêmero para continuar relevante

O tempo não está mais do nosso lado. Ele está **ao nosso redor**. Envolvendo tudo, comprimindo tudo, acelerando tudo. Somos todos corredores de uma maratona sem linha de chegada – cujo prêmio é não parar.

Mas há uma saída. Não está na negação da velocidade, mas na **reconciliação com o tempo**. Está em saber quando acelerar – e quando resistir. Quando entregar rápido – e quando exigir espera. Quando ser ágil – e quando ser profundo.

Porque, no fim, **as empresas que sobreviverão serão aquelas que entenderem que a velocidade é o novo oxigênio, mas que o sentido ainda é o verdadeiro combustível**.

E os indivíduos que permanecerão saudáveis – e humanos – serão os que aprenderem a viver o agora... **sem serem escravos dele**.

45

Melhor fracassar pensando grande do que ter sucesso pensando pequeno

Metas ousadas como motores de superação e inovação organizacional

"Se você definir suas metas muito altas e isso for um fracasso, você falhará acima do sucesso dos outros."

A frase, atribuída a James Cameron, criador de obras visionárias como *Avatar* e *Titanic*, resume uma das grandes verdades esquecidas pelas organizações contemporâneas: **o medo do fracasso nos condena à mediocridade**.

Num mundo em constante disrupção, onde a inteligência artificial rompe barreiras cognitivas, os ecossistemas digitais integram mercados antes isolados e os modelos de negócios tradicionais derretem como gelo ao sol, **ser conservador virou risco**. E o paradoxo é cruel: para continuar existindo, muitas empresas precisam se reinventar – e para se reinventar, precisam ousar. Mas ousar exige conviver com o risco de não chegar lá.

Orçamento: arte de prever ou exercício de contenção?

Todos os anos, empresas de todos os setores se reúnem para traçar o que chamam de "planejamento estratégico". Na prática, muitas vezes, o que fazem é construir **cenários de conforto disfarçados de racionalidade**. Projeções "pé no chão", expectativas "realistas", metas "atingíveis".

Mas há uma diferença brutal entre prudência e limitação. A prudência protege. A limitação aprisiona.

→ Quando uma empresa propõe um crescimento de 5% no ano seguinte, há grandes chances de atingir esse objetivo.

→ Mas quando propõe crescer 30%, as chances de não atingir são grandes – e, mesmo assim, frequentemente ela chega a 15% ou 18%, **mais que o triplo das conservadoras**.

Ou seja: **a ousadia, ainda que não totalmente bem-sucedida, produz mais resultado que o conformismo bem executado**.

A barreira real é mental

Hoje, barreiras logísticas foram reduzidas. Barreiras tecnológicas, superadas. Barreiras geográficas, dissolvidas. O que sobra é a **barreira mental**.

É ela que impede uma *startup* de pensar global desde o primeiro dia. É ela que impede um executivo de questionar a cultura da empresa que o formou. É ela que sabota o planejamento ousado antes mesmo de sua primeira planilha.

Peter Drucker já dizia:

"A melhor maneira de prever o futuro é criá-lo".

Mas para criar o futuro é preciso imaginá-lo primeiro – e é aí que a maioria para. **Imaginamos o próximo passo, não o salto**. Calculamos a curva, não o pulo. Estabelecemos metas de sobrevivência, não de transformação.

Pensar pequeno pode ser confortável, mas nunca inspirador

Uma meta conservadora protege o ego. Protege a reputação. Protege o bônus. Mas não mobiliza.

Você não inspira uma equipe ao propor um crescimento de 7%. Você mobiliza quando propõe dobrar a operação em dois anos.

Você não energiza seu time ao propor mais do mesmo. Você energiza quando propõe algo que exige um novo modo de pensar – e não apenas trabalhar mais.

Na verdade, o bônus não deveria premiar apenas o atingimento da meta, mas **o nível de desafio da meta assumida**. Há mais mérito em fracassar tentando triplicar um negócio do que em bater uma meta tímida que não exige nenhuma transformação verdadeira.

Escalonar metas, distribuir riscos, fomentar grandeza

É aqui que entra a inteligência da modelagem estratégica. O gestor não precisa colocar tudo ou nada em jogo. Pode-se criar um modelo escalonado de metas e bônus:

- Até 70% da meta: bônus mínimo.
- Entre 80% e 100%: bônus base.
- Acima de 110%: bônus multiplicado.

Essa lógica reduz o medo do fracasso absoluto e **incentiva o pensamento ambicioso com inteligência**.

Mais que isso: **ajuda a transformar a cultura**. Mostra que sonhar grande, mesmo com risco de errar, será sempre mais bem-vindo do que pensar pequeno por segurança.

A metáfora do trampolim

Pensar pequeno é como pular do primeiro degrau. Garantia de segurança. Nenhuma emoção. Zero impacto.

Pensar grande é subir no trampolim de 10 metros. Você hesita. Avalia. Sente o frio na barriga. Pode errar a execução. Mas se acertar... **criará um espetáculo**. E mesmo se errar, o salto o levará muito mais longe do que o degrau jamais levaria.

Empresas são feitas de pessoas. E pessoas se movem por emoção, por símbolos, por vontade de deixar uma marca. Metas ousadas criam narrativa, tensionam a zona de conforto, **transformam objetivos em causas**.

Grandes empresas pensam grande – mesmo quando fracassam

Os maiores cases de inovação não nasceram de metas modestas:

- A SpaceX falhou inúmeras vezes antes de pousar um foguete.
- A Amazon levou anos no prejuízo antes de se tornar referência global.
- O Google lançou dezenas de produtos que foram abandonados – mas os que ficaram transformaram o mundo.

Essas empresas entenderam que **fracassar pensando grande é parte do jogo**. Que errar tentando algo impossível é mais nobre – e mais lucrativo – do que acertar algo irrelevante.

O papel do líder: proteger a ousadia, não o *status quo*

Cabe ao líder a missão de sustentar o sonho quando os números ainda não aparecem. De segurar a barra quando a curva não cresce como o previsto. De bancar a ousadia mesmo diante da dúvida dos conservadores.

Porque **toda mudança exige um louco lúcido**. Alguém que diga "vamos dobrar esse negócio" e aguente o riso dos céticos. Alguém que provoque um plano impossível – e, com sorte, consiga algo extraordinário.

E mesmo que não consiga tudo, terá conseguido mais do que todos os que jamais tentaram.

Um líder não é necessariamente um especialista no ofício, mas sim um especialista em vitória.

Falhe acima do sucesso dos outros

Numa era em que o diferencial competitivo não é mais o recurso, mas a visão; não é mais o processo, mas a imaginação – **o fracasso ousado** é superior ao sucesso acanhado.

Porque o sucesso acanhado não muda ninguém. Não move mercados. Não reinventa categorias. Não inspira times.

Seja como empresa, como líder ou como indivíduo, **a melhor estratégia para não ser irrelevante é arriscar ser grandioso**. E se falhar, que seja por querer demais – não por se contentar com pouco.

46

Pessoas não são. Pessoas estão

Nós somos feitos de frações – e é isso que nos torna inteiros

Vivemos uma revolução silenciosa no modo como compreendemos as pessoas. O mundo sempre tentou classificá-las, rotulá-las, colocá-las em caixas geracionais, demográficas, comportamentais. Por muito tempo, marketing e comunicação trabalharam sobre esta premissa: identificar um público-alvo e tratá-lo como um bloco uniforme. Um exemplo clássico é **"mulheres classe AB, de 20 a 45 anos"**.

Acontece que ninguém se apaixona por um *cluster*. Nós nos apaixonamos por **uma pessoa específica. Com um timbre de voz, uma história de vida, um gesto, um traço de humor**. Dentro da segmentação "AB, 20-45 anos", há milhões de mulheres completamente distintas entre si – em seus sonhos, seus traumas, seu passado, seus desejos. São como impressões digitais emocionais: **nenhuma se repete**.

O erro da persona genérica

No marketing tradicional, era aceitável – até necessário – **reduzir complexidade para facilitar a ação**. Mas hoje, com a IA e os algoritmos, temos a oportunidade e o dever de fazer o oposto: **admitir e compreender a complexidade humana**. E agir a partir dela.

A IA permite o que os psicólogos sempre souberam, mas que os analistas de dados negligenciavam: **a singularidade de cada ser humano**. Como disse o psicólogo suíço Carl Gustav Jung, "Tudo o que nos irrita nos outros pode nos levar a uma melhor compreensão de nós mesmos". Ora, se há esse nível de subjetividade no simples ato de convivência, o que dizer do consumo, da lealdade ou da tomada de decisão?

Somos feitos de instantes, não de essências

A frase "pessoas não são, pessoas estão" não é apenas poética, é ontológica. Ela nos aproxima da fenomenologia de Merleau-Ponty, que dizia que o ser humano não é um objeto entre objetos, mas uma "presença em constante transformação".

A identidade é fluida. O comportamento é circunstancial. O eu é provisório. Um indivíduo pode estar conservador às 10h da manhã e revolucionário à noite. Pode estar calmo em casa e agressivo ao volante. Generoso com os filhos e negligente consigo mesmo.

Ao contrário da visão cartesiana de uma "personalidade fixa", a psicologia contemporânea defende a ideia de que somos **múltiplos eus contextuais**, fragmentos integrados por narrativas que contamos a nós mesmos. Somos "roteiristas" da própria biografia, como diz McAdams, e esse roteiro muda ao longo do tempo.

O início de um regime. A adoção de um gato. Uma promoção. A reforma da varanda

Esses eventos aparentemente banais – que não constam nos cadastros tradicionais – são **poderosos agentes de transformação de comportamento.** Uma pessoa que adotou um gato pode passar a comprar produtos específicos, mudar seus hábitos domésticos e até desenvolver empatia ampliada por animais. Alguém que reformou a varanda pode passar a consumir churrasqueiras, móveis externos, vinhos e itens de decoração.

É aqui que surge o conceito de "**banco de fatos**": além de armazenar dados demográficos ou psicográficos, precisamos começar a registrar e interpretar microeventos da vida cotidiana, **aqueles que reconfiguram hábitos, valores e afetos.**

A inteligência emocional dos algoritmos

O futuro da personalização passa pelo cruzamento de quatro grandes vetores de informação:

1. **Dados demográficos** – idade, classe, localização.
2. **Dados comportamentais** – cliques, compras, navegação.
3. **Dados psicográficos** – valores, crenças, estilos de vida.
4. **Dados contextuais e relacionais (o banco de fatos)** – eventos que alteram o estado momentâneo da pessoa.

A partir desse cruzamento, **a IA deixa de ser apenas uma máquina de inferência e se torna uma lente de compreensão.** Um instrumento de empatia industrial. Spinoza dizia que "compreender é perdoar" – e compreender é também personalizar.

Do monólogo ao diálogo

Durante décadas, as marcas falavam. O consumidor escutava – e obedecia. Era o tempo do **monólogo de autoridade.**

Hoje, a relação entre marcas e pessoas tornou-se **um diálogo fluido e descentralizado.** A centralidade da informação migrou para a borda. O controle da mensagem virou ilusão. E a escuta ativa tornou-se competência crítica.

Nesse novo cenário, não basta capturar atenção. É preciso **merecê-la, mantê-la, dialogar com ela.** Não é sobre persuadir. É sobre ressoar.

Da análise à previsão: o novo valor da granularidade

Quanto mais granular for o dado, **mais próximas da realidade serão as previsões**. É a diferença entre saber que alguém gosta de vinho tinto e saber que essa pessoa abre uma garrafa toda sexta-feira depois de caminhar no parque com seu cachorro. A primeira é informação. A segunda é contexto.

É nesse tipo de *insight* que reside o poder da IA. Não na automação em si, mas na **capacidade de detectar o invisível e sugerir ações a partir do contexto momentâneo**. É o que diferencia uma marca preditiva de uma marca reativa.

Do CRM ao CRP: gestão de relações pessoais

Estamos migrando do CRM (*Customer Relationship Management*) para o **CRP (*Customer Relationship Personalization*)**.

Trata-se de parar de tratar pessoas como "clientes" e começar a vê-las como seres em constante transição. É aceitar que um cliente fiel hoje pode ser infiel amanhã – não por traição, mas por transformação. Que uma necessidade ontem não existe mais hoje. E que aquilo que motiva alguém não é mais o mesmo que o motivava há seis meses.

Um mundo de frações

Se o ser humano é um "conjunto de eus", como dizia Fernando Pessoa, a granularidade é a única forma de acessá-lo com dignidade.

Não somos inteiros. **Somos feitos de frações**. E é justamente esse mosaico fragmentado que nos torna únicos.

A IA não veio apenas automatizar processos. Veio **nos ensinar que a beleza está no detalhe**. Que o valor está no específico. Que o futuro está no singular.

Da estatística ao indivíduo

A granularidade não é apenas um avanço técnico. É uma **virada ética** na forma como enxergamos o outro.

É deixar de tratar pessoas como números. E passar a reconhecê-las como histórias em movimento.

A marca que entender isso não será apenas mais relevante. Será **mais humana, mais intuitiva, mais próxima**. E, no fim das contas, é isso que todos buscamos: **ser compreendidos por inteiro – mesmo que estejamos em pedaços**.

> **"Talvez não se desejasse ser amado tanto quanto ser compreendido."**
>
> – GEORGE ORWELL

47

Nossos defeitos são, simultaneamente, nossas maiores qualidades

A virtude que nos sabota: quando o melhor de nós também é o pior

Há uma sabedoria paradoxal na frase: **"Nosso maior defeito também é nossa maior qualidade"**. Um dos grandes erros da modernidade é acreditar que a virtude é uma estrada de mão única, sem bifurcações, sem zonas de sombra. Mas a verdade humana é muito mais ambígua e, portanto, muito mais interessante.

A pulsão que nos eleva é, muitas vezes, a mesma que nos afunda. O traço que nos destaca pode também nos isolar. O comportamento que admiramos pode, em outra circunstância, tornar-se insuportável. A qualidade, como bem compreendeu Nietzsche ao criticar o moralismo binário, é apenas a intensidade de um impulso sob um contexto específico.

A virtude além do ponto ótimo

Tomemos o exemplo da **pontualidade**. Em nossa cultura organizacional, ser pontual é sinônimo de profissionalismo, de respeito pelo outro, de eficiência. Mas há um ponto – sutil, quase imperceptível – em que o virtuoso da pontualidade se transforma em obsessivo. O admirável vira inflexível. E o respeito pelo tempo alheio vira desrespeito pela imperfeição do mundo. A agenda, que deveria organizar, passa a oprimir. A expectativa de controle absoluto gera impaciência, intolerância, solidão.

Do mesmo modo, o **perfeccionista** é o funcionário dos sonhos até que, no afã de não entregar algo "imperfeito", passa a atrasar prazos, comprometer cronogramas e criar um nível de exigência inalcançável para si e para os outros. A busca pela excelência o transforma em refém da excelência. Ele passa a não ver o que está pronto, mas apenas o que falta. E, como dizia Voltaire, "**o ótimo é inimigo do bom**".

A empatia que paralisa, a rebeldia que exclui

Ser **empático** é, sem dúvida, uma das virtudes mais alardeadas no mundo contemporâneo. Mas há um limite além do qual o empático torna-se incapaz de confrontar. Seu desejo de acolher se transforma em medo de se impor. Evita dizer "não" para não magoar. Tolera o intolerável. **E sua compaixão, que deveria unir, começa a anulá-lo**.

Já o **rebelde**, em tempos de ruptura, é um ativo inestimável. Ele desafia verdades, desestabiliza zonas de conforto, abre clareiras no matagal dos conformismos. Mas sua energia transgressora, quando não modulada, vira **incompatibilidade crônica**. Em vez de ser o motor da mudança, torna-se o chato da reunião. Sua contestação sistemática desgasta. E aquilo que era coragem vira cansaço – dos outros, e dele próprio.

O contexto é a lente que define o traço

Ao pensarmos em virtudes e defeitos, quase sempre os tratamos como absolutos. Mas, como bem observa o filósofo Isaiah Berlin em sua defesa da multiplicidade de valores, **os traços humanos são sempre contextuais**, não universais. Um comportamento adaptativo em uma época pode ser disfuncional em outra.

Durante o paleolítico, a **ganância** era uma característica positiva. Num mundo de extrema escassez de alimento, acumular era sobreviver. O caçador que estocava mais do que precisava era o herói da tribo. Em tempos de fartura, essa mesma ganância torna-se o veneno que destrói comunidades, recursos e vínculos. A virtude do acúmulo tornou-se o pecado do excesso. A moderação, que em outros tempos era fraqueza, agora é sinal de inteligência social.

A plasticidade moral da personalidade

A psicologia contemporânea tem avançado na compreensão de que os traços não são bons nem maus em si – mas **plásticos**, dúcteis, **ambíguos**. Angela Duckworth, ao estudar a *grit* – a garra que leva alguém a persistir –, descobriu que esse traço está positivamente correlacionado ao sucesso. Mas também correlacionado ao *burnout*, **à rigidez mental e à incapacidade de desistir de projetos falidos**.

O mesmo ocorre com a **autoconfiança**: admirável quando leva alguém a se posicionar, a empreender, a liderar. Mas devastadora quando resvala para a arrogância ou para o desprezo pelo *feedback*.

Nós nos apaixonamos por pessoas decididas. Mas nos decepcionamos quando essa decisão vira teimosia. Admiramos os sensíveis, até que eles se tornem frágeis demais. Respeitamos os práticos, até que sua eficiência vire frieza. **A virtude só é virtude quando dialoga com o contexto – e com a autoconsciência**.

A economia da dose

A sabedoria está na **dose, não no rótulo**. Como dizia Paracelso, "a diferença entre o remédio e o veneno está apenas na quantidade".

O pontual precisa saber que o atraso do outro não é necessariamente desrespeito. O perfeccionista precisa aprender que **o suficientemente bom é, muitas vezes, melhor que o ideal inalcançável**. O empático precisa lembrar que firmeza também é cuidado. E o rebelde precisa desenvolver *timing* e escuta para não trocar transformação por exclusão.

A grande arte da maturidade – pessoal e profissional – está em **usar as qualidades com modulação.** E isso exige mais do que técnica. Exige autoconhecimento.

Os mapas da alma

Nietzsche dizia que "a serpente que não pode mudar de pele perece". Mas mudar de pele não é negar a essência. É **reconhecer seus excessos, suavizar suas arestas, reposicionar suas virtudes**.

A maturidade começa quando entendemos que **aquilo que mais admiramos em nós pode ser justamente o que mais incomoda os outros**. E que aquilo que nos fez chegar até aqui talvez não seja o que nos levará adiante.

Nossos maiores talentos são como lâminas afiadas: **cortam caminhos – e também machucam**. Precisam de bainhas emocionais que os controlem. Não para enfraquecê-los, mas para usá-los com mais sabedoria.

A arte de conviver com nossas contradições

Em tempos em que se busca alta performance, autenticidade e propósito, é fácil esquecer que **nossas forças são sempre acompanhadas de suas próprias sombras**. O colaborador ideal, o líder inspirador, o parceiro equilibrado – todos são construções frágeis, porque não há luz sem penumbra.

Reconhecer que **nossas virtudes carregam vícios em potencial** não nos torna menos valiosos, mas sim mais humanos. E mais atentos. Afinal, como dizia Jung, "até uma vida feliz não é isenta de um grau de escuridão".

O que diferencia os que crescem dos que estagnam **não é o número de virtudes que possuem, mas sim a consciência com que as administram**. É saber quando recuar na força e quando avançar na vulnerabilidade.

O nome disso é sabedoria. E ela começa quando paramos de querer ser perfeitos – e começamos a **integrar nossas contradições**.

48

Aceitar perdas é o primeiro passo para uma liderança efetiva

Como líderes resilientes dominam a arte de sair na hora certa – sem perder a alma no processo

Existe uma coragem silenciosa que raramente é celebrada nos manuais de liderança. A coragem de desistir. A coragem de encerrar um projeto, abandonar uma ideia, fechar uma porta, reconhecer que o caminho escolhido não levou ao destino previsto.

Vivemos em uma cultura que glamouriza a persistência, mas desconfia do recuo. Exaltamos os resilientes, os que "nunca desistem", como se a nobreza da liderança estivesse em resistir a todo custo. Mas há uma sabedoria profunda na **arte da perda bem administrada** – e é ela que diferencia os líderes que crescem dos que afundam.

O segredo está na saída, não na entrada

Os líderes mais bem-sucedidos que conheci não foram aqueles que sabiam exatamente quando entrar em algo – mas aqueles que sabiam quando sair. Essa decisão, aparentemente simples, exige três virtudes raras: desapego, lucidez e velocidade.

Desapego para não vincular o ego ao investimento. Lucidez para perceber quando o retorno marginal se esgotou. Velocidade para agir antes que a inércia se torne paralisia.

Em um mercado cada vez mais instável e efêmero, como o nosso, **o *timing* da saída vale mais que o *timing* da entrada**. A insistência vira teimosia, a fidelidade vira cegueira. Em um mundo de múltiplas opções, o verdadeiro risco não está em desistir, mas em **insistir demais no que já perdeu o sentido**.

Aceitar perdas é aceitar a própria condição humana

A frase que inspira este texto – "Aceitar perdas é o primeiro passo para uma liderança efetiva" – carrega uma lição estoica e profundamente libertadora. Em essência, ela ecoa Sêneca e Epicteto, que ensinavam: **não é o que nos acontece que nos fere, mas a forma como reagimos ao que nos acontece**.

Quando aceitamos que perdas fazem parte do jogo, nós nos tornamos menos vulneráveis à frustração e mais disponíveis para a ação. A aceitação da perda é um antídoto contra o luto improdutivo, contra o orgulho ferido e contra a tendência natural de prolongar o inevitável.

Coragem não é destemor

É fundamental distinguir coragem de destemor. **Coragem é agir apesar do medo. Destemor, muitas vezes, é apenas imprudência travestida de bravura**. O líder corajoso não é aquele que nunca recua. É aquele que, ao perceber o erro, não hesita em reavaliar. Que sabe que o fracasso é parte do processo, não uma mancha indelével na biografia.

Recusar-se a aceitar perdas é, muitas vezes, apenas o medo de parecer fraco. E esse medo, quando internalizado, gera líderes rígidos, inseguros e – paradoxalmente – **mais propensos ao fracasso real**.

O ego como armadilha estratégica

Uma das maiores armadilhas da liderança é o ego. Quanto mais alto o investimento emocional em uma ideia, mais difícil abandoná-la. Os líderes, para manter a coerência interna, buscam justificar suas decisões anteriores, mesmo que os dados mais recentes mostrem a falência da estratégia.

Esse fenômeno é conhecido na psicologia como **viés de escalada de compromisso** (*escalation of commitment*), documentado em experimentos clássicos como o *sunk cost fallacy*: continuar investindo em algo apenas porque já se investiu demais.

É como se disséssemos: "Já fui longe demais para voltar atrás". Mas a verdade é que, quanto mais se caminha na direção errada, **mais caro custa cada metro**.

Resiliência não é insistência irracional

A resiliência, palavra da moda nas lideranças contemporâneas, precisa ser redefinida. Ela não pode ser confundida com **obstinação míope**. Ser resiliente não é seguir até o fim – é saber quando *o fim chegou* e o que fazer a partir dele.

Resiliência verdadeira é a capacidade de **mudar de rota sem perder a motivação, de aceitar uma falha sem perder a fé, de recuar sem perder o respeito de si mesmo e da equipe**.

Líderes que ficam lambendo feridas não permitem que elas cicatrizem. Transformam fracassos pontuais em traumas duradouros. Contaminam o ambiente com culpa ou autopiedade. Aquele que aceita perdas **liberta sua equipe da energia mórbida da ruminação**.

A estética da saída bem-feita

Sair de uma iniciativa também é uma arte estética. Assim como um maestro encerra uma sinfonia, o líder que sai com elegância preserva não só sua autoridade, mas a confiança do time. Não se trata de sair batendo portas, nem com ar de derrota. Trata-se de sair **como quem vira uma página e começa outra – com leveza e convicção.**

A saída inteligente não arrasta os escombros do passado para o futuro. Não tenta justificar demais, não busca culpados. Apenas reconhece o momento e reconfigura a rota com serenidade.

O "quando" é mais importante que o "por que"

Nas decisões de saída, o mais importante nem sempre é o "por que" – mas o "quando". Uma saída tardia compromete recursos, destrói moral e desgasta relacionamentos. Já uma saída oportuna, mesmo que abrupta, preserva o que mais importa: **a capacidade de seguir criando.**

Como diz uma antiga máxima do xadrez: "O bom jogador não é aquele que nunca perde uma peça, mas aquele que sabe qual peça pode ser sacrificada para vencer a partida".

O líder que sabe perder ganha mais rápido

Liderar é, entre outras coisas, **dançar com a impermanência**. Saber entrar com entusiasmo, mas sair com sabedoria. Aceitar perdas com dignidade, sem ressentimento. Ser capaz de virar a chave sem virar o rosto. E, acima de tudo, proteger o espírito da equipe contra os escombros da frustração.

O bom líder **não arrasta o passado, ele atravessa o presente com leveza**. Não idealiza cenários, nem se agarra a promessas. Age com lucidez, e se adapta com velocidade.

A frase "se você aceitar perdas, nada pode machucar você" não é um convite à indiferença. É uma convocação à maturidade. Uma filosofia de vida e de gestão para tempos de instabilidade, quando a única certeza é que nem todo caminho leva ao destino.

Mas toda decisão, se bem-feita, pode **levar você para mais perto de si mesmo**.

49

Não seja só profundo, seja transversal

Nem generalista, nem especialista. O nexialismo chegou para ficar

Vivemos uma era em que o excesso de especialização virou um beco sem saída e a generalidade sem profundidade se mostra estéril. O mundo exige hoje uma nova espécie de profissional: **o nexialista**. Um ser híbrido, com a mente aberta, o olhar profundo, a escuta sensível e a fala estratégica. Ele não se contenta em ser apenas uma engrenagem no sistema. Ele vê o sistema, entende a máquina, percebe o propósito do movimento e sabe onde intervir com inteligência.

O termo **nexialismo** foi cunhado na ficção científica, em especial no romance *Missão interplanetária*, de A. E. van Vogt, para descrever a habilidade de conectar áreas do conhecimento, integrar especialistas e traduzir saberes diversos em soluções compreensíveis e aplicáveis. Décadas depois, o conceito deixa de ser ficção e se transforma na mais urgente competência do mundo real.

O fim do especialista encapsulado

Durante o século XX, o mundo valorizou o especialista. Em tempos de previsibilidade e linearidade, saber muito sobre muito pouco era uma vantagem competitiva. O especialista tinha seu lugar fixo, seu domínio técnico e sua profundidade vertical. Porém, no século XXI, marcado pela **hiperconectividade, pela volatilidade e pela inovação exponencial**, essa verticalidade tornou-se uma prisão.

O especialista, sozinho, já não compreende o todo. Suas respostas são precisas, mas frequentemente irrelevantes no novo cenário. Falta-lhe **contexto**, falta-lhe **visão transversal**. E ao generalista, por sua vez, falta profundidade. Conhece um pouco de tudo, mas não domina as alavancas críticas de nenhum sistema.

É nesse vácuo que surge o nexialista: **alguém capaz de transitar entre domínios, identificar padrões emergentes, traduzir complexidade em simplicidade e produzir valor com isenção e conexão.**

A inteligência nexialista

O nexialismo é uma forma de inteligência aplicada. Ele combina três capacidades raramente encontradas na mesma pessoa:

- Foco nos detalhes.
- Visão estratégica ampla.
- Habilidade de conexão entre saberes aparentemente incongruentes.

Essa tríade permite ao nexialista ser, simultaneamente, um **intérprete** e um **estrategista**. Ele é o elo entre o técnico e o executivo, entre o artista e o engenheiro, entre o analítico e o emocional.

É como descreveu Gregory Bateson em *Rumo a uma ecologia da mente*:

> **"O padrão que conecta é mais importante que os elementos conectados."**

O nexialista vive nessa fronteira: ele não apenas enxerga os pontos, mas reconhece o desenho invisível que os une.

As características-chave dos nexialistas

→ **Foco e atenção aos detalhes**

Não se trata de um foco obcecado, mas de um olhar treinado. O nexialista sabe quando mergulhar. Ele sabe que um detalhe fora do lugar pode alterar todo o sistema.

→ **Visão estratégica ampla**

Ele compreende que cada ação local tem impacto sistêmico. Consegue ver a floresta mesmo quando está entre as árvores.

→ **Flexibilidade cognitiva**

Mais do que se adaptar, o nexialista **se reconstrói cognitivamente**. Ele muda não apenas de opinião, mas de premissa.

→ **Pensamento criativo e sistêmico**

O nexialista entende que a inovação nasce nas margens, nas intersecções. Por isso, seu pensamento é fértil em sínteses inesperadas.

→ **Capacidade de comunicação multilíngue (no sentido simbólico)**

Ele sabe conversar com engenheiros e designers, médicos e músicos, economistas e sociólogos. Ele traduz. Ele une.

Nexialismo e o Capital Humano Expandido (CHX)

O conceito de **exteligência** – inteligência estendida para fora da caixa craniana – encontra no nexialismo sua personificação prática. O nexialista é um nó da rede neural coletiva que une humanos, IA e sistemas digitais. Ele não compete com algoritmos. Ele os orquestra. E sabe que, na era do **Capital Humano Expandido**, o diferencial não está no que se sabe, mas no que se **conecta** e no que se **faz com o saber**.

Nexialismo no mundo real

- **Negócios**
  Empresas exponenciais já se deram conta: os nexialistas são os únicos capazes de liderar ecossistemas complexos, integrar dados e intuição, produto e propósito. Um CEO nexialista não é o mais técnico, mas o mais capaz de articular especialidades, cultivar cultura organizacional e adaptar o negócio com fluidez.

- **Tecnologia**
  Nexialistas são os maestros da tecnologia. Eles não codificam tudo, mas sabem o que cada linguagem pode entregar. São os que conectam *backend* com UX, inteligência artificial com ética, engenharia com impacto social.

- **Saúde**
  Na medicina integrativa, o nexialista é o futuro. Ele navega entre clínica, genética, psicologia, bem-estar e *data science*. Diagnostica não apenas doenças, mas **padrões de saúde**.

→ **Artes e humanidades**

O artista nexialista atravessa gêneros e mídias. Ele cria sinfonias com sons e algoritmos. É performer, filósofo e designer. Transcende estéticas e propõe **experiências transformadoras**.

O perigo do monocórdio mental

Estamos cercados por especialistas, e carentes de nexialistas. As escolas formam técnicos. As empresas promovem os que replicam. A política premia a obediência. Mas a evolução – pessoal, organizacional e civilizacional – exige **cruzamentos**, **hibridismos**, **contaminações**.

O monocórdio mental, aquele que só repete o que sabe, já não basta. Precisamos de **múltiplas cordas afinadas com o espírito do tempo**, ou seremos substituídos por qualquer algoritmo mais rápido.

O nexialista como arquétipo do futuro

O nexialista não é apenas uma profissão. É um arquétipo. Um novo modelo de inteligência que se opõe à especialização empobrecedora e à superficialidade funcional. Ele é o **curioso radical**, o **pragmático visionário**, o **polímata em versão 4.0**.

Ele não sabe tudo, mas **sabe buscar tudo**.

Ele não tem todas as respostas, mas **sabe fazer as perguntas certas**.

Ele não precisa dominar cada ferramenta, mas **sabe montar o ecossistema que transforma**.

O futuro é de quem conecta

Em um mundo onde a mudança é a única constante, **não vencerão os mais fortes nem os mais inteligentes – mas os mais conectados.**

Não basta mais ser técnico. Nem basta ser visionário. O futuro será moldado por aqueles que transitam entre o foco e o todo, entre o especialista e o generalista, entre o saber e o fazer.

O nexialismo não é uma habilidade. É uma postura diante da complexidade.

E essa postura, agora, é a maior vantagem competitiva que um ser humano pode ter.

50

Pensar já não é mais o mesmo

Na era da infoxicação, nosso cérebro não é mais armazém. É roteador

Vivemos um momento inédito na história da cognição humana. Pela primeira vez, **pensar deixou de ser, essencialmente, um ato de recordar** – e passou a ser, cada vez mais, um ato de **navegar**. Já não faz sentido imaginar a mente como uma biblioteca silenciosa, repleta de arquivos ordenados por temas, categorias e disciplinas. A mente contemporânea funciona mais como uma **plataforma de curadoria**, roteamento e decodificação de informações que estão, em sua maioria, **fora dela**.

A esse fenômeno damos o nome de **exteligência** – a inteligência expandida além da caixa craniana, que opera conectando redes externas de dados, saberes e interpretações. Se antes "saber" era reter, hoje é **atribuir sentido, gerar conexões e aplicar criticamente**.

Do HD ao roteador: a mutação do cérebro

Durante séculos, fomos treinados a funcionar como *hard disks*: acumular conteúdo, decorar fórmulas, memorizar leis, armazenar cronologias. Toda a estrutura escolar, acadêmica e até organizacional foi baseada nesta premissa: quanto mais "dado interno", mais capacidade de decisão, produção e excelência.

Mas o jogo mudou. Com a avalanche de dados, com a infoxicação diária, **nosso cérebro não consegue mais competir em volume com o Google**, nem em velocidade com a IA. Portanto, sua função evoluiu. Hoje, o cérebro eficaz é aquele que:

- Sabe buscar.
- Sabe diferenciar o essencial do ruído.

- Sabe atribuir contexto à informação bruta.
- Sabe transformar dado em *insight*.

Se antes a pergunta era "o que você sabe?", hoje é: **"o que você faz com aquilo que pode acessar?"**.

Mas aqui cabe um alerta necessário: ao delegarmos tudo às fontes externas, corremos o risco de **atrofiar a musculatura interna do pensamento**. Se não tivermos **informações embarcadas**, minimamente organizadas e memorizadas, o cérebro **não fará sinapses, não conectará conceitos, não gerará ideias originais**.

A exteligência não anula a cognição individual – ela a expande. A memória ainda importa. O *insight* criativo, o raciocínio ágil e a produção de conhecimento original **dependem da matéria-prima interna já disponível**. Quem espera ter ideias apenas acessando o Google corre o risco de apenas repetir – e nunca compreender.

A educação tem que deixar de ser aglutinativa

A educação tradicional era **aglutinativa**: juntar, concentrar, empilhar informações dentro do indivíduo. A avaliação era proporcional ao volume de conteúdo retido. Agora, precisamos urgentemente de uma **educação atributiva**: capaz de ensinar o estudante a atribuir sentido, vincular temas aparentemente desconectados, relacionar passado com futuro, teoria com prática, intuição com análise.

O aluno do século XXI não precisa decorar os afluentes do Amazonas. Precisa entender **por que uma bacia hidrográfica é relevante para a economia, a geopolítica e o aquecimento global**. E precisa saber **onde buscar** os dados que aprofundam essa relação,

com que ferramenta pode analisá-los e **o que fazer com eles** em termos de ação ou decisão.

Exteligência: a inteligência como ecossistema

Pierre Lévy já havia antecipado isso quando cunhou a ideia de **inteligência coletiva**. Mas agora vamos além: a inteligência não é apenas coletiva – **ela é extrabiológica**. Está nos algoritmos, nos sensores, nos bancos de dados, nos apps, nos gráficos de tendência. **E cabe ao ser humano se integrar a esse ecossistema de saber**. Como?

- Reconhecendo os limites da memória pessoal.
- Exercitando o raciocínio heurístico (baseado em atalhos mentais produtivos).
- Cultivando a metacognição: saber como se pensa.
- Praticando a auto-organização informacional.
- Gerando hipóteses e testando padrões.

É essa consciência de que "**nós já não somos apenas o que pensamos, mas também aquilo com o qual nos conectamos**" que molda o novo papel da mente.

A confluência como fonte de inovação

Grandes ideias nunca nascem onde todo mundo olha. Elas surgem onde áreas se tocam, **onde disciplinas se cruzam, onde saberes se friccionam**. A inovação não mora na especialização. Mora na **confluência**.

É aí que o pensamento nexialista encontra seu terreno fértil: no cruzamento entre marketing e neurociência, entre física e design, entre psicologia e economia comportamental. O profissional que pensa a partir da confluência sabe que **o cérebro mais potente não é o que sabe mais, mas o que concatena melhor**.

Imaginação: a última fronteira humana

Num mundo onde produtividade já é atributo da máquina, **o que restará de essencialmente humano**? A resposta é simples: **imaginação**.

- A IA pode otimizar processos. Mas não sonha.
- Pode compor sinfonias matematicamente perfeitas. Mas não sente arrepio.
- Pode recomendar livros com base em padrões. Mas não chora com finais inesperados.

A imaginação é a interface entre a razão e o mistério. E é ela que nos permitirá **gerar significado** em um mundo de dados sem alma.

O cérebro como logística de significado

O novo papel da mente é atuar como um departamento de **logística semântica**: recebe fluxos de dados, interpreta sinais, define rotas, estabelece prioridades, analisa inconsistências, responde com agilidade. E acima de tudo: **cruza essas rotas** em busca de **novos sentidos**.

Essa mutação cognitiva exige um novo modelo de liderança, uma nova pedagogia, uma nova gestão de talentos – e, sobretudo, uma **nova humildade diante do saber**. Porque, agora, **o valor não está em quem detém a informação, mas em quem a transforma**.

Um novo modo de pensar está nascendo

"Pensar já não é mais o mesmo" não é apenas uma frase filosófica. É uma constatação antropológica, educacional, profissional e espiritual. É um convite à **transição da mente acumulativa para a mente conectiva.**

Se ontem o saber era um castelo, hoje ele é um fluxo. Se antes pensar era compilar, hoje é **compor**. Se antes era armazenar, hoje é **atribuir sentido.**

E nesse novo mundo de complexidade, ambiguidade e velocidade, o cérebro que mais brilhará não será o que mais **tentar lembrar – e sim o que mais conseguir imaginar**.

51

É melhor um fim com desgraça do que uma desgraça sem fim

O paradoxo da postergação: por que adiamos o inevitável?

Vivemos uma era em que a velocidade das coisas contrasta com a lentidão das nossas decisões mais essenciais. A frase "É melhor um fim com desgraça do que uma desgraça sem fim" não é apenas uma provocação estilística: é um alerta. Adiar o inevitável é um dos grandes sabotadores do nosso bem-estar psíquico, produtivo e existencial. Mais que isso, a recalcitrância – esse movimento de resistência irracional ao que sabemos ser necessário – tem minado silenciosamente carreiras, relações, empresas e projetos de vida.

Postergar o inevitável é cultivar o sofrimento prolongado

Ao adiar uma decisão importante, um confronto inevitável ou uma tarefa desagradável, ampliamos exponencialmente o sofrimento. Não apenas porque a tarefa continua lá, inescapável, mas porque ela habita nossa mente como um parasita invisível, drenando energia e alimentando angústia. Freud já apontava que o recalque psíquico – o ato de reprimir algo que deveria ser enfrentado – é fonte de sofrimento neurótico. O mesmo vale para o recalque comportamental: aquilo que evitamos retorna como sintoma.

A satisfação subestimada do dever cumprido

Pouca gente fala do prazer secreto que existe em fazer o que precisa ser feito no exato momento em que se apresenta. Ao chegar de uma longa viagem, muitos deixam a mala no canto, como um corpo morto a ser evitado. Eu desfaço a mala na hora. Não por obsessão com a ordem, mas porque o alívio de ver o incômodo resolvido supera em muito o conforto momentâneo de ignorá-lo.

Esse princípio pode ser expandido para todas as esferas da vida: "faça o que precisa ser feito, antes de desejar fazer qualquer outra coisa". A neurociência explica: ao concluir uma tarefa pendente, nosso cérebro libera dopamina, promovendo uma sensação de prazer e realização. Mas preferimos o alívio breve da fuga ao prazer duradouro da resolução.

A tirania do "depois eu vejo isso"

Temos uma tendência quase patológica de jogar para o futuro o que não gostamos de enfrentar no presente. Esse comportamento é amplificado pela cultura da distração constante, que nos permite escapar indefinidamente de nossos compromissos. As redes sociais, os jogos, as conversas superficiais funcionam como narcóticos contra o incômodo de fazer o que deve ser feito.

Mas toda pendência tem seu preço. Enquanto não for resolvida, ela cobra juros emocionais. Vive-se com um ruído de fundo: a ansiedade, a culpa, o peso do que não foi feito. Em administração, isso se chama custo de oportunidade. Em psicologia, sofrimento evitável.

Coragem não é vencer o medo – é agir mesmo com ele

Muitos evitam o encerramento de ciclos por medo do que virá. Um relacionamento que não funciona, uma sociedade falida, um projeto que já perdeu o sentido. Ficamos ali, em estado vegetativo, entre o que já acabou e o que não começou. É o estado de suspensão, em que não se vive, apenas se sobrevive.

Nietzsche dizia que:

> **"O que nos faz sofrer não é o peso do que carregamos, mas a incerteza sobre quando vamos deixar de carregá-lo".**

Encerrar um ciclo é uma forma de retomar o controle. E toda vez que escolhemos o fim, mesmo que doloroso, escolhemos também a liberdade.

A cultura do adiamento: uma tragédia moderna

Nossa cultura valoriza mais o começar do que o terminar. Aplaudimos quem inicia projetos, mas raramente celebramos quem os conclui. Como resultado, somos uma sociedade de começos inacabados, de promessas não cumpridas, de relacionamentos mal resolvidos e de armários cheios de roupas que nunca usamos.

Viktor Frankl, em seu livro *Em busca de sentido*, dizia que a principal fonte de sofrimento humano é a falta de propósito. E propósito também é finalizar, concluir, fechar ciclos com dignidade. O que não se conclui, não se transforma em aprendizado. E o que não se aprende, se repete.

Evitar a dor adia o sofrimento, mas amplia o dano

Imagine um dente com problema. Sabemos que ele precisará de tratamento. Mas evitamos. Vamos levando. Até que a dor se torna insuportável. E o que seria uma obturação simples vira um canal, depois uma extração. O mesmo ocorre com nossas decisões: o que hoje é incômodo, amanhã será tragédia. Como um vazamento ignorado que destrói a fundação inteira.

Fazer logo é leveza. Postergar é peso

Existe uma leveza indescritível em fazer agora o que precisa ser feito. A leveza de não dormir com aquela preocupação, de não ser assombrado por prazos, cobranças ou culpa. A leveza de um dia livre, porque você adiantou o que precisava. Essa leveza é mais prazerosa que o lazer em si.

Coragem de encerrar é sabedoria de viver

Terminar não é fracassar. É compreender os limites. Encerrar não é desistir. É escolher o que merece continuar. E enfrentar o que é inevitável é o que separa os que vivem dos que apenas se arrastam pela vida.

Portanto, se for inevitável, que venha logo. Melhor um fim com desgraça do que uma desgraça sem fim. E que tenhamos olhos para ver, coragem para agir e sabedoria para concluir aquilo que nos impede de ser leves, plenos e inteiros.

EPÍLOGO

A força dos axiomas, o roteiro da vida

As palavras criam imagens. E imagens, uma vez formadas, criam mundos. Foi assim que tudo começou: com uma frase solta, uma ideia provocadora, uma construção verbal capaz de abrir uma fresta no pensamento. O que veio depois foi epifania – aquele instante raro em que o invisível se torna claro, o imponderável encontra forma e o percurso muda de direção.

Este livro não é uma autobiografia. Também não é um manual. É um diagrama de episódios e caminhos. Um conjunto de marcos que ajudaram a moldar uma trajetória, oferecendo sentido nos momentos de dúvida, lucidez nos instantes de neblina e entusiasmo nos trechos de retidão. São axiomas que, em algum ponto, provocaram pequenas transgressões internas – aquelas que não quebram regras, mas rompem inércias.

Em cada um desses 51 axiomas, não apenas encontrei consolo ou motivação – encontrei perspectiva. E é isso que palavras bem escolhidas podem fazer: **redesenhar o horizonte**. Um axioma, quando realmente significativo, não precisa convencer. Ele basta. Ele reverbera. E se o ouvimos no momento certo, ele modifica nossa relação com o tempo, com o outro, com o trabalho, com a vida.

As ideias contidas aqui não pretendem ensinar, mas instigar. São observações acumuladas, experiências vividas e conceitos inesperados que me serviram de guia. E se há algo de valor em compartilhá-los, é porque acredito que todo ser humano precisa, em algum momento, encontrar seus próprios axiomas fundadores – aqueles que não apenas explicam o mundo, mas **ajudam a habitá-lo com mais lucidez e inteireza**.

Este livro, portanto, não conta uma vida. Ele percorre uma caminhada. Uma trilha feita com retas, sim – mas onde os atalhos sempre acenaram como tentações constantes. A escolha foi, sempre que possível, pelo caminho que exigia mais intenção e menos pressa.

Se você chegou até aqui, talvez já tenha sido tocado por algum desses axiomas. E, com sorte, talvez um deles esteja se transformando agora – dentro de você – em imagem, em ideia, em direção. Porque é assim que começa a verdadeira mudança: **com uma frase, com uma imagem, com um passo**.

Que esse último passo seja, na verdade, o primeiro de uma nova etapa. Porque, ao fim e ao cabo, o que permanece não são os atalhos escolhidos, mas **a alma que se preserva no trajeto**.

– WALTER LONGO